스포츠경영관리사 합격 시리즈 ❸

2025
제21차 개정판

장승규의
스포츠경영관리사
실기 키포인트

저자 경영학박사 장 승 규

••••
수록과목
스포츠산업 · 스포츠경영 · 스포츠마케팅 · 스포츠시설

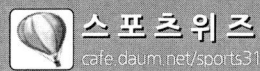
스포츠위즈
cafe.daum.net/sports31

제1장 소포장영농

세 부 목 차

제1장 비닐소 절단 … 8
1. 소포장 비닐소 절단 … 8
2. 사선 소포 끓임 … 9
3. 정상절단 … 13
4. 절삭절단 … 14
5. 회전정단 … 16

제2장 소포장 조각 통상형 … 18
1. 소포장 조각 가공 … 18
2. 인자설명문 … 21
3. 조각 통상형 … 26

제3장 소포장 파이버싱 … 32
1. 재바랑리 … 32
2. 인자내설 … 35
3. 재바랑과 평가 … 37
4. 죽이름기장 튼식 … 40
5. 자림 조합 … 41
6. 튼가 정정 … 42

제4장 소포장 이메트 및 생산관리 … 46
1. 소포장 이메트 … 46
2. 소포장 생산관리 … 47
3. 정영정보시스템 … 49

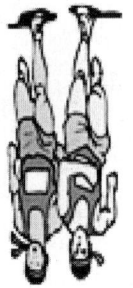

 **인사말**

올바른 책의 선택이 합격의 결정적 요소입니다.

스포츠경영관리사 실기시험은 필기시험에 합격한 사람이 응시하므로 필기시험을 공부하면서 시험 개요 등에 대해서는 이해하고 있을 것입니다. 시험이 시행된 지난 20년간 합격률을 살펴보면 필기시험은 60~70%에 이르지만, 실기시험은 상대적으로 저조하여 약 30~40%에 이르고 있습니다. 필기시험은 조금만 공부해도 합격할 수 있지만, 실기시험은 그렇지 않습니다. 출제방식이 객관식에서 주관식으로 바뀌기 때문에 공부를 많이 한 사람과 그렇지 못한 사람들 간에는 차이가 크게 나타납니다. 실기시험은 필기시험에서 통할 수 있는 벼락치기 학습으로는 합격하기 어렵습니다.

처음 시험이 시작된 2005년부터 출간하여, 한 해도 거름 없이 출판된 장승규의 스포츠경영관리사 시리즈는 올해 제21차 개정판을 출판합니다. 책은 시험 과목을 이론편과 문제편으로 나누고, 문제편은 다시 필기와 실기로 구분하여 3권의 책으로 시리즈화 하였습니다. 특히 실기시험은 2024년 3번의 시험에서 출제된 60개 문제가 모두 이 책에 수록된 문제와 똑 같았습니다. 자랑을 늘어놓아 송구스러운 마음이지만 실제 책으로 공부한 후 시험을 치면 결코 과장된 것이 아니라는 것을 알 수 있을 것입니다. 응시하는 많은 사람이 합격하여 자격 취득과 더불어 스포츠경영의 확산에 이바지해 주시기 바랍니다.

이 책의 완성을 위해 많이 노력한 여러분께 감사의 말씀을 드립니다. 아울러 학습 도중에 질의 사항이 있으면 마지막 페이지에 나와 있는 연락처로 연락하십시오. 특히 다음카페에 저자가 운영하는 스포츠경영카페의 자유게시판을 이용하면 더욱 편리합니다. 공부하시는 많은 분이 합격하시길 빕니다.

2025년 1월 1일

저자 **장 승 규** 드림

 **목차**

- **시리즈 제1권 스포츠경영관리사 기본 이론서** … 별책

- **시리즈 제2권 스포츠경영관리사 필기 문제은행** … 별책

- **시리즈 제3권 스포츠경영관리사 실기 키포인트**
  - 실기 키포인트를 학습하기 전 미리 알아 둘 사항 … 4
  - 실기시험 과목별 문제 풀기 … 7
    - 제1과목 스포츠산업 … 7
    - 제2과목 스포츠경영 … 51
    - 제3과목 스포츠마케팅 … 87
    - 제4과목 스포츠시설 … 107

장승규의 스포츠경영관리사 합격 시리즈 세트

실기 키포인트를 학습하기 전 미리 알아 둘 사항

> ※ 이 내용은 시리즈 ❶의 〈기본 이론서〉에 실린 것으로, ❶의 수록 내용 중 실기 응시자를 위해 내용 일부를 요약한 것입니다. 시리즈 3권 전체를 구입하였으면 내려받을 필요가 없지만, 시리즈 ❸ 〈실기 키포인트〉만 구입하였으면 아래 URL 또는 QR 코드로 전체를 내려받아 확인하는 것이 좋습니다.
> URL : https://cafe.daum.net/sports31/IQ27/1425

1. 스포츠경영관리사 실기시험 간보기

1) 실기시험 개요

① 시험 일정(2025년)

구분	필기시험			실기시험		
	원서접수	시험	발표	원서접수	시험	발표
제1회	1/13(월)~16(목)	2/7(금)~3/4(화)	3/12(수)	3/24(월)~27(목)	4/20일	6/13(금)
제2회	4/14(월)~17(목)	5/10(토)~30(일)	6/11(수)	6/23(월)~26(목)	7/19(토)	9/12(금)
제3회	7/21(월)~24(목)	8/9(토)~9/1(월)	9/10(수)	9/22(월)~25(목)	11/2(일)	12/24(수)

② 시험 방식

구분	필기시험				실기시험			
	시험 방법	시험 과목	문제 수	시험시간	시험 방법	시험 과목	문제 수	시험시간
내용	객관식, CBT	4과목	100문제	2시간 30분	주관식, PBT	1과목	15~24문제	3시간

2) 필기시험과 실기시험의 차이

① 시험 과목

구분	필기시험	실기시험
과목	스포츠산업, 스포츠경영, 스포츠마케팅, 스포츠시설 (4과목)	스포츠마케팅 및 스포츠시설경영 실무 (1과목)

② 시험 형식
  ㉠ 필기시험은 컴퓨터로 답을 제출하는 CBT(computer based test) 방식이지만, 실기시험은 PBT (printer based test) 방식으로, 인쇄된 시험지에 답을 제출한다.
  ㉡ 필기시험과는 달리 응시자가 같은 시간과 장소의 집합 상태에서 프린트물로 시행된다.
  ㉢ 필기시험은 답안을 컴퓨터에 제출하면 점수와 함께 합격 여부가 바로 판정되지만, 실기시험은 답안지에 제출하면 채점과정을 거쳐 약 40~45일 이후에 합격자가 발표된다.
  ㉣ 반드시 흑색 볼펜을 사용하여 답을 작성해야 하고, 연필 또는 유색 필기구 사용은 금지되어 있다. 계산문제가 출제되면 필기시험은 컴퓨터의 계산기를 사용할 수 있지만, 실기시험은 개인별로 계산기를 지참하는 것이 좋다.

3) 필기시험 합격자의 실기시험 응시 기한

① 응시 기한 : 필기시험에 합격하고 난 후 실기시험에 응시하지 않았거나, 합격하지 못하면 필기시험 합격자 발표일로부터 2년간 시행되는 실기시험에 응시하면 된다.
② 날짜 계산 : 실기시험 원서접수 마감일이 필기시험 합격자 발표일로부터 2년 이내면 응시 자격이 있다.

2. 실기시험 70점 받아 합격하기

1) 실기시험 유의사항
① **출제 문제 수와 문제별 배점**
  ㉠ 출제 문제 수 : 15~24문제가 출제되도록 정해져 있고, 매회 20±2문제가 출제되고 있다. 최근 3년간 9번 시험에서 8번은 20문제, 1번은 18문제가 출제되었다.
  ㉡ 문제별 배점 : 문제별로 중요도 또는 난이도에 따라 배점이 다르다. 대부분 1문제당 3~6점으로 배점되고 있다. 문제 마지막에 배점이 표시되어 있다.
② **복수의 답이 요구되는 문제의 채점 방법**
  ㉠ 몇 가지 답이 요구되는 문제는 요구한 수준만큼 채점에 반영하고, 나머지는 채점하지 않는다. 즉 '~에 대하여 3가지를 쓰시오.'라는 문제에 4가지를 적었으면 3번째까지만 채점하고, 4번째부터는 채점하지 않는다.
  ㉡ 3가지 중 2개는 정답이고, 1개가 오답이면 2개만 정답으로 채점하여 부분 점수를 적용한다.
  ㉢ 한 항목에 여러 가지를 기재하더라도 한 가지로 보며, 그중 정답과 오답이 함께 있으면 오답으로 처리한다.
③ **시험지 구성과 필기구** : 문제지에는 답안을 적는 공간이 있으며, 계산 등은 시험지 아래의 계산란을 이용할 수 있다. 사용 필기구는 검정색 볼펜으로 한정되고, 사인펜이나 기타 필기구 사용할 수 없다.

2) 실기시험 출제유형
① **단답형** : 간단한 용어의 답을 요구하는 유형으로, 1가지만 요구하기도 하지만 여러 가지를 함께 요구하는 유형이 대부분을 차지한다.(사례) 스포츠조직의 투자 결정 기법 종류를 3가지를 쓰시오.)
② **서술형** : 원리, 용어 또는 현상 등에 관한 내용을 기술하는 형태의 문제 유형이다. (사례) 상품과 서비스를 포지셔닝할 때 일반적으로 고려해야 하는 사항 4가지를 쓰시오.)
③ **혼합형** : 단답형과 서술형이 혼합형태로 출제되는 유형으로, 비교적 높은 점수가 배점되는 특징을 갖고 있다. (사례) 마케팅믹스의 개념을 설명하고, 마케팅믹스 요소 4가지를 쓰시오.)
④ **계산형** : 계산과정을 포함하는 형태이다. 공식을 암기해야 하고, 수작업으로 계산하기에는 복잡하므로 시험장에 계산기를 지참하는 것이 좋다. 계산기는 공학용 계산기는 사용할 수 없지만, 개인이 소지한 대부분 계산기는 사용할 수 있다.(사례) A 회사가 생산하는 X 제품 한 개의 판매가격은 500원이고, 단위당 변동비는 250원이다. 고정 영업비가 100만원이라면 손익분기점에 해당되는 매출액은 얼마인가? 단 계산과정을 적어야 한다.)
⑤ **형태별 출제 비율** : 정확한 통계는 없지만 대략 단답형·서술형·절충형이 각각 30% 내외로 출제되고, 계산문제가 1문제가 출제되는 것이 대부분이었다.

3) 실기시험의 출제 다빈도 과목
① **실제 시험과목** : 실기시험은 명목상 1과목(스포츠마케팅 및 스포츠시설경영 실무)이지만, 실제는 필기시험과 같이 4과목으로 구분할 수 있고, 과목별 출제 비율은 크게 차이가 난다.
② **출제 다빈도 과목**
  ㉠ 출제 문제의 과목별 분포 : 최근 3년간 총 9회에 걸친 시험에서 스포츠마케팅이 약 44%, 스포츠경영에서 34% 정도이며, 이 둘을 합치면 78% 수준으로 전체의 75% 이상이다.
  ㉡ 배점 기준 : 옆 표는 최근 3년간 시행된 실기시험의 배점 기준 출제 비율이다.
  ㉢ 선택과 집중 : 출제 다빈도 과목에 시간과 노력을 많이 투자해야 한다.

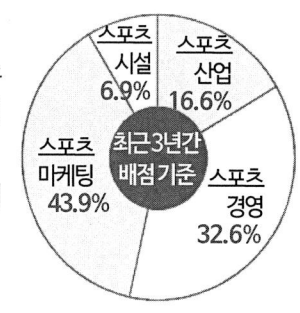

3. 책의 활용법

1) 사용 기호 설명
① 일반적 기호 설명

기호	설명
KP **참고**	키포인트이다. 시험 준비는 키포인트로 요점만 외우고, 시험장에서는 이를 바탕으로 적절한 조사나 형용사를 보태 문장을 완성하는 것이 좋다. 채점자의 관점에서 볼 때 답안의 핵심 용어의 포함 여부와 함께 문장 구성도 고려할 것으로 판단된다. 청색 바탕이 대부분이지만 회색 바탕은 출제 가능성이 거의 없고, 내용 이해에 도움을 주기 위함이다.
암기	꼭 암기해야 할 내용으로, 주로 단답형 문제로 구성되며, 출제 가능성이 높은 부분이다.
보충	보충은 문제와 관련하여 추가로 알고 있어야 하는 내용이다.
경향	출제되는 경향을 나타낸 부분이다.
인명	인명은 내용 이해에 도움이 될 수 있도록 사람 이름과 간단한 경력을 수록한 부분이다.
용어	사용 용어를 설명하는 부분이다.
참고 **참고**	출제 가능성이 없지만, 내용 이해에 도움이 되는 부분이다. 실제 '~를 3가지 쓰시오.'라는 단답형 문제에서 답안 내용의 이해를 돕기 위한 설명으로, 대부분 암기의 필요성이 희박하다.

② 문제 번호의 구분

번호	중요도	설명	비고
01	매우 중요	출제 가능성이 높아 당연히 암기해야 하는 사항이다.	문제를 구분하는 것은 응시자의 시간과 노력의 적정 배분을 목적으로, 20년 이상의 경험을 바탕으로 구성하였다.
02	중요	출제 가능성이 있어 암기하는 것이 좋다.	
03	보통	출제 가능성이 거의 희박한 문제이다.	

③ 책의 장점
  ㉠ 스포츠경영관리사 자격시험이 시행된 2005년부터 이제까지 21년 동안 출제 경향을 분석하고, 공부하면서 쉽게 이해하고, 오래 기억할 수 있도록 만들어진 책이다.
  ㉡ 출제 예상문제의 키포인트를 만들어 요점을 이해하고, 오래 기억할 수 있도록 하였으며, 많은 부분을 도식화하여 쉽게 이해와 오래 기억할 수 있도록 만들었다.
  ㉢ 꼭 기억해야 할 내용은 **암기** 기호를 사용하여 문장으로 형성되어 있어 암기에 편리하며, 학습에 도움이 되도록 만들었다.

나. 키포인트로 외우자
  ㉠ 실제 문제의 모범 답안은 문장이 길고, 형식을 갖춰 체계적으로 설명되어야 하지만, 한두 개의 단어로 요약하여 문제 전체를 연상할 수 있도록 만들어진 압축 문장이 키포인트이다.
  ㉡ 키포인트는 그림(picture)과 전보(telegram) 형태의 짧은 문장(text)으로 만들어진 픽트그램(pictegram) 방식으로, 쉬운 이해는 물론 빠르게 암기할 수 있고, 오래 기억할 수 있어 주관식 시험의 학습에 매우 효과적이다.

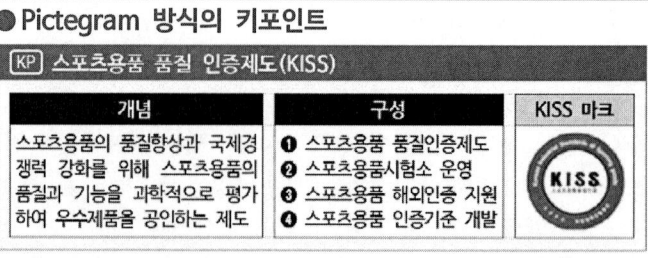

  ㉢ 학습 또는 암기할 때는 키포인트가 편리하지만, 실제 시험에서는 조사 등을 추가하여 체계적인 문장이 될 수 있도록 작성하는 것이 점수를 받는 데 유리하다.

제1과목 스포츠경영

세부목차

제1장 스포츠 비즈니스 전략 … 8
1. 스포츠 비즈니스 전략 … 8
2. 사업 구조 분석 … 9
3. 성장전략 … 13
4. 경쟁전략 … 14
5. 최고경영자 … 16

제2장 스포츠 조직 활성화 … 18
1. 스포츠 조직의 구조 … 18
2. 인적자원관리 … 21
3. 조직 활성화 … 26

제3장 스포츠 파이낸싱 … 32
1. 재무관리 … 32
2. 원가계산 … 35
3. 재무성과 평가 … 37
4. 손익분기점 분석 … 40
5. 자본 조달 … 47
6. 투자 결정 … 42

제4장 스포츠 이벤트 및 생산관리 … 46
1. 스포츠 이벤트 … 46
2. 스포츠 생산관리 … 47
3. 경영정보시스템 … 49

제1장 스포츠 비즈니스 전략

1. 스포츠 비즈니스 전략

01 스포츠 조직이 경영전략을 수립할 때 고려해야 할 사항을 쓰시오.

답안 스포츠 조직의 경영전략 수립 고려사항은 내부환경과 외부환경으로 구분하여, 내부환경에서는 강점과 약점, 외부환경은 기회 요인과 위협 요인을 고려해야 한다.

보충 SWOT 분석 : 옆 표는 경영전략의 전체적 흐름을 알 수 있을 뿐 아니라 '제3과목 스포츠산업 이해하기'에서 다루는 'SWOT 분석'의 기초가 된다. 본래 SWOT 분석은 '제1과목 스포츠경영 이해하기'에서 다루어야 하지만 중복을 피하려고 '제3과목'에만 게재되어 있다.

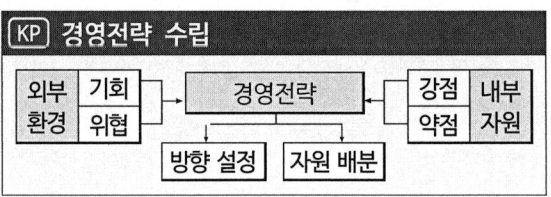

02 스포츠 조직이 경영전략을 수립할 때 조직의 규모와 업종 전체적 조직구조 형태를 고려해야 하는데, 이때 적용하는 계층적 전략 수립과정을 3단계로 구분하여 쓰고, 각각 설명하시오.

답안 1) 전사적 전략 : 기업 전체의 목표 달성을 위한 전략
2) 사업부 전략 : 특정 사업 부분에서의 전략
3) 기능별 전략 : 상위 전략의 실행 수단 역할을 하며, 기능별 자원분배와 효율성 향상을 목표로 하는 전략

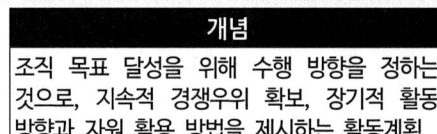
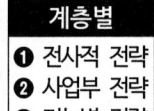
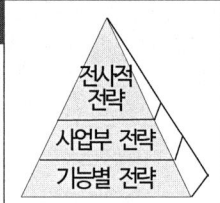

03 스포츠 조직의 전략사업단위의 개념을 설명하고, 전략사업단위가 될 수 있는 요건 3가지를 쓰시오.

답안 1) 전략사업단위란 비즈니스 전략을 수립하고, 집행하고, 통제하는 기본 단위를 말한다.
2) 전략사업단위의 요건은 ① 다른 전략사업단위와 구분할 수 있는 독자적 사업과 분명한 목표가 있어야 하며 ② 시장에서 경쟁자와 경쟁 관계가 성립되어야 하고 ③ 생산, 마케팅, 자금 등의 독자적 통제 능력을 갖추어야 한다.

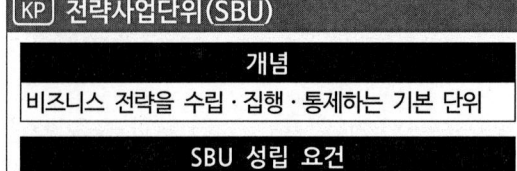

보충 전략적 계획(strategic plan) : 전략적 계획이란 전략사업단위와 연관된 개념으로, 조직의 임무, 목표, 자원분배 등에 관한 의사결정을 수립하는 계획이다.

용어 SBU : strategic business unit의 약어로, 전략적 사업단위를 뜻한다.

[04] 스포츠 조직의 경영전략은 조직의 미션과 비전을 바탕으로 한다. 미션과 비전의 개념을 설명하시오.

[답안] 1) 미션이란 조직의 존재 목적과 사회적 사명을 말하고
2) 비전이란 조직의 지속적 성장을 통해 미래에 달성하고자 하는 조직의 상을 의미한다.

[KP] 미션과 비전

미션(mission)
❶ 개념 : 조직 존재 목적과 사회적 사명
❷ 내용 : 미션 달성을 위해 조직이 존재하며, 미션에 따라 전략의 구체화가 가능

비전(vision)
❶ 개념 : 성장전략을 통해 미래에 달성하고자 하는 조직의 상
❷ 내용 : 비전을 구체화하면 조직 목적 설정과 발전 방향이 수립되고, 비전은 구성원에게 발전 방향을 제시하고, 조직에 활력 부여

2. 사업구조분석

[01] 스포츠 경영전략 중 포트폴리오 전략의 의미를 설명하고, 그 특징과 대표적인 전략모형을 2가지 쓰시오.

[답안] 1) 포트폴리오 전략은 기업이 부분별로 전개되는 사업의 환경을 분석하고 이에 대응할 수 있을 전략을 개발하거나 최적의 투자 방법을 결정하는 활동을 말한다.
2) 포트폴리오 전략의 특징은 첫째 다양한 여러 사업부의 현재와 미래의 사업에 대한 환경분석을 통해 향후 전략을 수립할 수 있으며, 둘째 자원 배분, 전략 수립, 목표설정, 평가 등에 사용할 수 있다.
3) BCG 매트릭스와 GE/맥킨지 매트릭스가 포트폴리오 전략의 대표적 모형이다.

[KP] 포트폴리오(portfolio) 전략

개념
조직은 다양한 사업을 전개하므로, 사업부별 환경분석으로, 적응전략을 개발하거나, 최적 투자 방법 결정 활동

특징	대표적 모형
❶ 사업 환경분석으로 전략 수립 목적 ❷ 자원 배분, 전략 수립, 목표설정, 평가 등에 사용	❶ BCG 매트릭스 ❷ GE/맥킨지 매트릭스

[암기] 포트폴리오 : 〈포트폴리오는 빅맥이다〉이다. BCG 매트릭스, 맥킨지 매트릭스
[경향] 포트폴리오 전략 출제 경향 : 포트폴리오 전략 중 BCG 매트릭스에서는 많은 문제가 출제되고 있지만, GE/맥킨지 매트릭스에서는 상대적으로 적다. GE/맥킨지 매트릭스는 사업의 강점과 산업 매력도의 2가지를 강·중·약의 9개 영역으로 구분하고 있다는 것을 기억하면 된다.
[용어] BCG : 보스턴컨설팅그룹(Boston Consulting Group)을 뜻한다.

[02] BCG 매트릭스는 성장률과 점유율을 기준으로 4가지 영역으로 구분한다. BCG 매트릭스의 개념과 4가지 영역을 설명하시오.

[답안] 1) BCG 매트릭스의 개념 : 보스턴컨설팅그룹이 개발한 기법으로, 시장성장률과 상대적 시장점유율로 구성되어 있다. 시장성장률은 사업부가 속한 시장의 성장률을 나타내며, 구분은 경제성장률 등을 기준으로 한다. 상대적 시장점유율은 해당 시장에서 점유율이 가장 높은 기업에 대한 자사를 비교하여 결정한다.
2) 4가지 영역은 Star, Question Mark, Cash Cow, Dog으로 구분한다.
[경향] BCG 매트릭스 출제 경향 : 경영전략을 논할 때 가장 먼저 BCG 매트릭스가 거론된다. 시험에도 자주 출제되는 출제 다빈도 부분이다. 다음 페이지의 각 매트릭스와 분면별 특징의 암기는 물론 BCG 성장주기 또한 기억해야 한다.

KP BCG 매트릭스

매트릭스	분면별 특징		
고↑시장성장률↓저 Star ★ · Q-Mark ? Cash Cow · Dog 고 ← 상대적 시장점유율 → 저	구분	특징	
	Star ★	• 높은 시장점유율과 시장성장률 • 현금의 많은 소비와 창출 • 향후 주력사업으로 성장 가능 • 지속 성장을 위한 집중 투자 필요	
	Q-mark ?	• 낮은 시장점유율과 높은 시장성장률 • 시장 성장 가능성이 크다. 시장점유율 증대가 필요 • 시장점유율 상승을 위한 노력이 요구	
	Cash cow	• 낮은 시장성장률과 높은 시장점유율 • 많은 현금 창출로 다른 부분에 투자자금 제공 • 성장률이 낮으므로 투자 억제	
	Dog	• 낮은 시장점유율과 시장성장률 • 시장 위치가 불안하며, 현금 창출·점유율 상승이 어렵다. • 현금 유입보다 유출이 많고, 철수·규모 축소 검토 필요	

03 옆 표는 보스턴컨설팅그룹이 제시한 BCG 매트릭스이다. 표 속의 (가), (나)에 적합한 용어를 쓰시오.

답안 가) 시장성장률 나) 상대적 시장점유율
보충 **상대적 시장점유율** : BCG 매트릭스에서는 시장점유율(M/S)이 아니고, 상대적 시장점유율(RMS)을 적용한다.

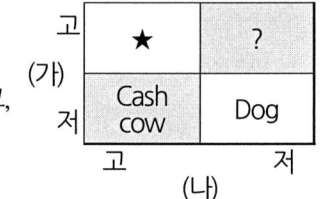

04 상대적 시장점유율의 개념과 계산 공식을 설명하시오.

답안 1) 상대적 시장점유율의 개념 : 어느 시장에서 1위 기업을 1로 하여 특정 기업의 점유율을 말한다.
2) 상대적 시장점유율의 계산 공식 : (어느 시장에서 특정 기업의 시장점유율/어느 시장에서 가장 큰 기업의 시장점유율)×100
보충 **상대적 시장점유율(RMS, relative market share)** : 시장점유율(M/S, market share)은 시장 전체에서 자사 점유율을 계산하지만, 상대적 시장점유율은 특정 시장에서 시장점유율 1위와 비교한 자사의 비율을 나타낸다.

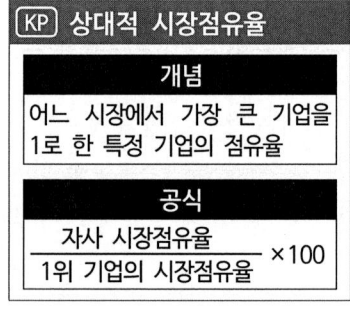

KP **상대적 시장점유율**

개념
어느 시장에서 가장 큰 기업을 1로 한 특정 기업의 점유율

공식
$\dfrac{\text{자사 시장점유율}}{\text{1위 기업의 시장점유율}} \times 100$

05 BCG 매트릭스에서 일반적으로 사용하는 분면별 성장주기를 순서대로 쓰시오.

답안 BCG 매트릭스의 일반적 성장주기는 Question Mark → Star → Cash Cow → Dog이다.
보충 **BCG 성장주기** : 성장주기는 위 문제 02의 분면별 특징을 설명과 비슷하여 헷갈리기 쉽다. 성장주기과는 다른 개념이다.
암기 **BCG 성장주기** : 〈BCG가 어느 날 갑자기 나타나(도입기) 스타가 되드니만(성장기) 다음엔 소가 되고(성숙기), 개가 된다(쇠퇴기),〉이다. Question Mark→Star→Cash Cow→Dog으로 성장한다.

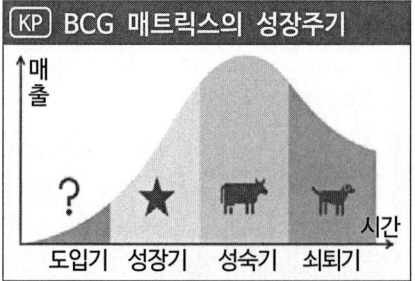

06 BCG 매트릭스에서 영역별 추구 전략유형을 쓰시오.

답안 1) Star 사업부 : 유지전략, 확대전략
2) Question Mark 사업부 : 확대전략, 수확전략, 철수전략
3) Cash Cow 사업부 : 유지전략
4) Dog 사업부 : 수확전략, 철수전략

07 BCG 매트릭스에서 Star 사업부의 특징 4가지와 주요 전략유형 2가지를 쓰시오.

답안 1) Star 사업부의 특징은 첫째 높은 시장점유율과 시장성장률을 갖고 있으며, 둘째 현금이 많이 소요되고 한편으로 현금이 많이 창출되기도 한다. 셋째 향후 주력사업 부분으로 성장 가능성이 크고, 넷째 집중 투자가 필요하다.
2) 주요 전략유형은 유지전략과 확대전략의 2가지 유형이 있다.

08 BCG 매트릭스에서 Cash Cow 사업부의 분면 위치와 이 사업부가 중요한 이유 3가지를 쓰시오.

답안 1) Cash Cow 사업부의 특징은 시장점유율은 높지만, 시장성장률은 낮은 분면이다.
2) Cash Cow 사업부가 중요한 이유는 첫째 현금이 많이 유입되며, 둘째 수익성이 높고, 셋째 이로 인해 다른 사업에 대해 투자가 가능하다.

09 BCG 매트릭스에서 star 사업부와 question mark 사업부의 특징과 분면별 전략을 쓰시오.

답안 1) Star 사업부 : 시장성장률과 상대적 시장점유율이 높은 분면으로, 유지전략 또는 확대전략이 필요하다.
2) Question Mark 사업부 : 시장성장률은 높지만, 상대적 시장점유율은 낮은 분면으로, 확대·수확·철수전략이 필요하다.

10 갭 분석의 개념을 설명하고, 갭 분석 5단계를 쓰시오.

답안 1) 갭 분석의 개념 : 맥킨지의 경영분석 기법으로, 현재 상태와 목표 상태 사이의 차이를 분석하고, 이를 해결하는 전략을 수립하는 방법이다.
2) 갭 분석의 5단계 : ① 목표(objective) ② 현재 상태(current state) ③ 차이 분석(gap description) ④ 미래 상태(future state) ⑤ 해결 방안(remedy)

[11] GE/맥킨지 매트릭스는 (A)와 (B)를 각각 X, Y축에 놓고, (C) 영역으로 나누어 분석한다. ( ) 속에 적합한 용어를 순서대로 쓰시오.

[답안] (A) 사업의 강점, (B) 산업 매력도, (C) 9개

[보충] GE/맥킨지 매트릭스 : 9개 영역을 외울 필요는 없다. 〈산업매력도〉, 〈사업의 강점〉, 〈9개 영역〉으로 구분한다는 것을 기억하면 된다.

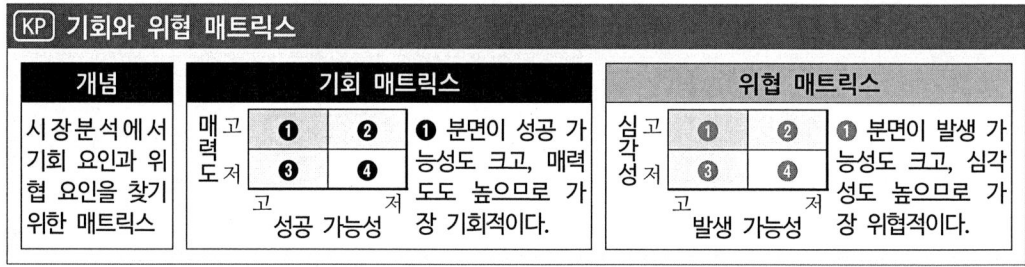

[12] 시장을 분석할 때 기회 매트릭스와 위협 매트릭스를 통해 기회 요인과 위협 요인을 찾는다. 기회 매트릭스와 위협 매트릭스를 구성하는 변수를 각각 2가지씩 쓰시오.

[답안] 기회 매트릭스의 변수는 성공 가능성과 매력도이며
2) 위협 매트릭스의 변수는 발생 가능성과 심각성이다.

[암기] 기회와 위협 매트릭스의 변수
1) 기회 매트릭스 : 매력도와 성공 가능성
2) 위협 매트릭스 : 심각성과 발생 가능성

[경향] 기회와 위협 매트릭스의 출제 가능성 : 기회 매트릭스는 아래 문제 12와 같이 1번 출제된 일이 있지만, 위협 매트릭스는 출제된 일이 없고, 출제 가능성도 희박하다.

[13] 스포츠 조직의 모든 관리자는 조직이 직면하고 있는 기회를 식별하는 데 모든 노력을 기울여야 한다. 예를 들어 KBL에서 다음과 같은 기회 요인을 가졌으며, 이러한 기회 요인의 기회를 매트릭스로 평가한다면 ( ) 속에 들어갈 A, B의 2가지 평가 기준을 쓰고, 이 기회 요인은 매트릭스 영역 가~라 중 어느 영역에 해당하는 그 이유를 설명하시오.

KBL은 최근 참여 스포츠 이용자가 늘어남에 따라 그들을 위한 새로운 리그를 도입하기로 하였다.

[답안] 1) 매트릭스의 완성 : (A) 매력도 (B) 성공 가능성
2) 영역은 (가) 영역이며, 그 이유는 참여 스포츠 이용자가 늘어나기 때문에 새로운 리그를 창설하면 성공 가능성과 매력도가 높기 때문이다.

3. 성장전략

01 앤소프(Ansoff)가 제시한 성장 벡터에 의한 성장전략의 유형 4가지를 쓰고, 설명하시오.

답안 1) 시장침투전략은 기존제품을 기존시장에서 더 많이 팔 수 있도록 하는 전략
2) 시장개발전략은 기존제품을 새로운 시장에서 팔 수 있도록 하는 전략
3) 신제품개발전략은 기존시장에 새로운 제품을 개발하는 전략
4) 경영다각화전략은 현재 사업과 다른 분야에서 성장 기회를 발견하는 전략

인명 앤소프(Ignore Ansoff) : 수학을 전공한 러시아계 미국인으로, 경영전략 전문가이다. 시장제품 매트릭스로 크게 유명해졌다.

참고 제품-시장 매트릭스 : 성장 벡터라고도 한다.

KP 성장전략

제품-시장 매트릭스

		시장	
		기존시장	신시장
제품	기존 제품	시장침투전략	시장개발전략
	신제품	신제품개발전략	경영다각화전략

성장전략의 유형

구분	내용
시장침투전략	시장점유율 증대전략, 미사용자와 경쟁품 사용자에게 자사 상품 사용 권유
시장개발전략	신시장 개척하는 전략, 잠재고객 발굴로 기존제품으로 욕구 충족
신제품개발전략	잠재수요를 충족하는 신제품 개발전략
경영다각화전략	현재 사업과 다른 분야에서 성장 기회를 발견하는 전략

02 다음은 앤소프의 제품-시장 매트릭스이다. ( ) 속에 적합한 용어를 쓰시오.

		시장	
		기존시장	신시장
제품	기존제품	(A)	(C)
	신제품	(B)	(D)

답안 A) 시장침투전략, B) 신제품개발전략, C) 시장개발전략, D) 경영다각화전략

참고 1판 인쇄에서는 매트릭스 표의 제품이 신제품, 기존제품으로 구분되어 잘못 되었지만 2판에서 바르게 수정되었다.

03 경영 다각화의 개념을 설명하고, 다각화의 종류 3가지를 쓰시오.

답안 경영 다각화란 현재와 다른 분야에서 새로운 시장과 상품을 찾는 전략이다. 경영 다각화의 종류는 집중적 다각화, 수평적 다각화, 복합적 다각화로 구분한다.

암기 경영 다각화 종류 : 〈다각화는 집수복〉이다. 집중적, 수평적, 복합적 다각화

참고 경영 다각화의 종류별 설명

구분	내용
집중적 다각화	보유하고 있는 기술이나 마케팅기법을 집중적으로 활용할 수 있는 다각화
수평적 다각화	현재 사업과 관련이 없더라도 현재의 고객이 소구할 수 있는 다각화
복합적 다각화	현재의 기술 및 시장과 관련이 적은 다각화

KP 경영 다각화

개념

현재와 다른 분야에서, 새로운 시장과 상품을 찾는 전략

종류

❶ 집중적 다각화
❷ 수평적 다각화
❸ 복합적 다각화

04 시장침투전략의 개념을 적고, 시장침투전략의 유형 3가지를 쓰시오.

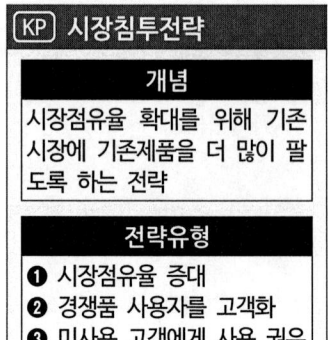

답안 1) 시장침투전략의 개념 : 시장점유율을 확대하기 위해 기존시장에 기존제품을 더 많이 팔 수 있도록 하는 전략
2) 중요한 전략유형
① 시장점유율 증대
② 경쟁품 사용자를 고객화
③ 미사용 고객에게 사용 권유

05 기업의 성장전략 중 신제품개발전략의 의미를 쓰고, 스포츠를 예를 들어 설명하시오.

답안 1) 신제품개발전략이란 기존시장에 새로운 제품을 개발하는 것으로,
2) 스포츠의 예는 국내 프로축구 K리그가 클래식과 챌린지로 구분되어 운영되고 있다. 이는 기존시장을 대상으로 하여 새로운 상품을 개발한 것이다.
참고 **K리그의 분류** : K리그는 2022년부터 K리그-1, K리그-2로 호칭하고 있지만, 이전부터 사용하던 클래식과 챌린지라는 용어도 함께 사용하고 있다.

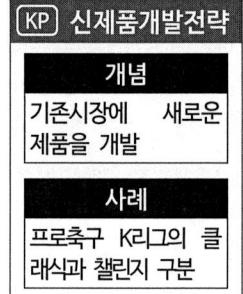

4. 경쟁전략

01 마이클 포터의 경쟁우위의 개념을 설명하고, 경쟁우위 요소 2가지를 쓰시오.

답안 1) 경쟁우위란 경쟁자에 비해 상대적 우위를 나타내는 것으로, 경쟁자보다 높은 성과를 실현하거나, 실현할 수 있는 잠재력을 갖추는 것을 말한다.
2) 경쟁우위의 요소는 원가 우위와 차별화 우위이다.

KP 경쟁우위(competitive advantage)	
개념	요소
경쟁자보다 상대적 우위를 나타내는 것으로, 경쟁자보다 높은 성과를 실현하거나, 실현할 수 있는 잠재력을 갖추는 것	❶ 원가 우위 ❷ 차별화 우위 ❸ 집중 우위

		경쟁우위	
		원가 우위	차별화 우위
경쟁범위	산업전체	원가우위전략	차별화전략
	특정산업	원가 우위 집중전략	차별화 우위 집중전략

보충 **경쟁우위의 요소** : 경쟁우위의 요소는 원가 우위와 차별화 우위 2가지이다. 그러나 경쟁전략에서는 이를 바탕으로 집중우위가 포함되어 3가지가 된다. 본원적 경쟁전략에서는 집중우위를 다시 원가 우위 집중, 차별화 우위 집중으로 분리하여, 전체 4가지 전략유형으로 나타난다.

인명 **마이클 포터(Michael Porter)** : 경영전략의 세계 최고 권위자다. 피터 드러커, 톰 피터스와 함께 세계 3대 경영 석학으로 평가받고 있다. 저서 중 '경쟁전략', '경쟁우위', '국가 경쟁우위' 등으로 유명하다.

02 경영전략의 주요 목적은 경쟁우위를 획득하고 이를 지속적으로 유지하는 것이다. Porter가 제시한 경쟁우위 3가지 범주를 설명하시오.

답안 1) 원가 우위 : 원가에 영향을 미치는 여러 요인을 통제하여 더욱 저렴한 가격으로 경쟁우위를 획득
2) 차별화 우위 : 경쟁상품과 비교하여 구별되는 특징을 갖고 경쟁우위를 획득
3) 집중우위 : 특정 집단, 특정 상품, 특정 지역 등 제한된 시장을 집중적으로 공략하여 우위를 획득

경향 본원적 경쟁전략 출제 경향 : 같은 답이 요구되는 유형으로, '마이클 포터의 본원적 경쟁전략 3가지를 쓰시오'라는 문제가 출제될 수 있다.

KP 본원적 경쟁전략

원가우위전략	
원가에 영향을 미치는 여러 요인을 통제하여, 저가격으로 경쟁우위를 지키려는 전략	
차별화전략	**집중전략**
경쟁상품과 비교하여 구별될 수 있는 특징을 갖는 전략	제한된 시장을 집중적으로 공략하여 우위를 갖는 전략

03 다음의 사례에서 A 헬스장의 전략을 쓰고, 그 개념을 설명하시오.

> A, B 헬스장은 가까운 근처에 인접하고 있으며, 시설 수준이 거의 비슷하여 치열한 경쟁을 할 수밖에 없었다. 그러나 A 헬스장은 본사와 같이 있어 관리비 부담이 적어 B 헬스장보다 월 사용료를 1만원 정도 저렴해 이용자가 많은 편이다.

답안 1) 전략 : 원가우위전략
2) 개념 : 원가에 영향을 미치는 여러 요인을 통제하여 더 저렴한 가격으로 경쟁우위를 획득하는 전략

04 다음 사례에 적용된 경영전략을 쓰고, 그 개념을 설명하시오.

> 국내골프장 코스와 운영은 거의 비슷하였다. 1990년대 이후 국내 코스에 큰 변화가 일어나기 시작했는데, 제주의 A 골프장은 자연을 그대로 살리는 링코스 스타일이 도입되었으며, 일반적으로 투 그린을 원 그린으로 바꾸고, 조랑말 캐디를 도입해 내국인과 일본 골퍼들의 인기를 끌었다.

답안 1) 차별화전략
2) 상품의 외형, 성능, 서비스 등이 경쟁자와 차별화되는 것을 말한다.
참고 핀크스 골프클럽 : 문제는 제주 핀크스 골프클럽에서 조랑말 캐디를 사용한 사례이다.

05 다음 사례에 적용된 경영전략을 쓰고, 그 개념을 설명하시오.

> 1960년대 미국에서는 새로운 소매상이 등장하기 시작하였다. 월마트를 창업한 샘 월튼은 경쟁자가 신경 쓰지 않는 작은 시골에 새로운 마트를 개점하는 것으로 시작하였다. 가까운 큰 도시까지 3~4시간 차를 타고 가야 하는 작은 마을을 주목하였고, 월마트가 선택한 지역은 대부분 시장규모가 작아 대형 상점이 들어오지 못할 것으로 추정하였고, 주민들이 멀리 차를 타고 나가지 않고 마을에서 생필품을 구매할 것이라는 확신을 갖고 있었다.

답안 차별화전략으로, 상품의 외형, 성능, 가격, 품질, 서비스 등이 경쟁자와 차별화되는 것을 말한다.

06 기업의 수익성은 산업계의 경쟁력만으로 결정되지 않고, 산업 자체의 수익성도 고려해야 한다. 마이클 포터가 제시한 산업구조를 결정하는 5가지 경쟁요인을 쓰시오.

[답안] 기존 경쟁자와의 경쟁, 공급자와의 교섭력, 구매자와의 교섭력, 잠재적 진입자의 신규진입 위협, 대체재의 위협

[보충] **5가지 경쟁요인** : 마이클 포터의 이론으로, 포터의 5가지 경쟁요인이라고 통용하고 있다.

[암기] **5가지 경쟁요인** : 〈5가지 경쟁요인은 기공구신대〉이다. 기존 경쟁자, 공급자, 구매자, 잠재적 진입자, 대체재의 위협

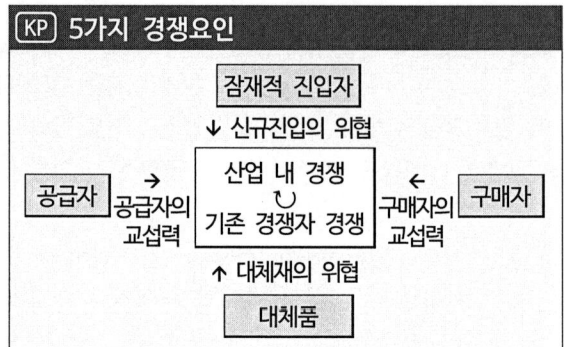

5. 최고경영자

01 경영전략의 수립·시행과 관련하여 최고경영자의 역할 5가지를 쓰시오.

[답안] 전략적 리더십, 발상의 전환주도, 전략 경영을 위한 관리자 선정, 조직의 사회적 책무 수행, 자원 배분의 우선순위 결정

[KP] **최고경영자의 역할**
❶ 전략적 리더십
❷ 발상의 전환주도
❸ 전략경영을 위한 관리자 선정
❹ 조직의 사회적 책무 수행
❺ 자원 배분의 우선순위 결정

02 민츠버그가 주창한 최고경영자의 역할 3가지를 쓰고, 이를 설명하시오.

[답안] 1) 인간관계 역할 : 인간관계를 통해 조직을 운영하는 역할로, 대표자의 역할, 리더의 역할, 연락자 역할 등의 수행
2) 정보관리 역할 : 필요 정보를 수집·활용하며, 정보를 모니터하고, 전파하며, 대변자 역할을 수행
3) 의사결정 역할 : 기업가의 역할, 협상자의 역할, 문제해결자의 역할, 자원 배분자 역할 수행

[KP] **민츠버그의 최고경영자의 역할**
❶ 인간관계 역할 : 인간관계로 조직을 운영하는 역할로, 대표자의 역할, 리더의 역할 수행
❷ 정보관리 역할 : 필요 정보의 수집과 활용, 정보 모니터링과 전파, 대변자 역할
❸ 의사결정 역할 : 기업가·협상자·문제해결자의 역할, 자원 배분자 역할

03 카츠의 조직 구성원 역량 모델에서 구성원이 갖춰야 할 능력 3가지를 들고, 이 중 최고경영자에게 가장 중요한 능력을 쓰시오.

[답안] 1) 조직 구성원의 능력은 개념적 능력, 인간 관계적 능력, 기술적 능력으로 나누며
2) 최고경영자는 개념적 능력이 가장 중요하다.

[KP] **조직 구성원의 역량 모델**
❶ 개념적 능력 : 추상적 상황에 대해 이해하고 개념화할 수 있는 능력
❷ 인간관계 능력 : 타인에 대한 이해와 동기 부여, 함께 일할 수 있는 능력
❸ 기술적 능력 : 업무 수행에 필요한 기술·기능·지식의 활용 능력

[인명] **카츠(D Katz)** : 미국의 조직심리학자로, 경영자 역량 모델 개발로 많이 알려진 학자이다.

[04] 최고경영자는 자원 배분 등에 있어 우선순위를 결정해야 한다. 우선순위 결정의 개념을 적고, 우선순위 결정 방법 3가지를 쓰시오.

KP 우선순위 결정
개념
자원 제약 극복, 이해 당사자 간 혼선 방지, 사업의 원활한 진행 등을 위해 여러 대안 중에서 안을 선택하는 활동
결정 방법
❶ 단순결정법 ❷ 대표집단 결정법 ❸ 기초 우선순위 평정법

[답안] 1) 우선순위 결정은 자원 제약의 극복과 이해 당사자 간 혼선을 방지하여 사업을 원활히 진행하기 위해 여러 대안 중 어떤 안을 선택할 것인가를 결정하는 활동을 말한다.
2) 우선순위 결정 방법은 단순결정법, 대표집단 결정법, 기초 우선순위 평정법 등이 있다.

[암기] **우선순위 결정법** : 〈우선순위는 단대기〉이다. 단순결정법, 대표집단 결정법, 기초 우선순위 평정법

[참고] **우선순위 결정법**

구분	설명
단순결정법	도출 사업에 대한 의사결정 집단 의사결정 방법으로, 점수를 정하여 득점순에 따른 우선순위로 결정
대표집단 결정법	전문지식을 가진 의사결정 집단을 구성하여 토론을 통해 우선순위 결정
기초 우선순위 평정법(BPRS)	공식에 따라 비중 크기, 상황 심각도, 사업 추정 효과 등의 점수를 부여하여 공식에 적용하는 방법 공식: BPRS = (A + 2B) x C A : 비중 크기, B : 상황의 심각도, C : 사업 추정 효과

[용어] **BPRS** : basic priority rating system

제2장 스포츠 조직 활성화

1. 스포츠 조직의 구조

01 스포츠 조직이 다른 조직과 비교될 수 있는 특성 4가지를 쓰시오.

답안 1) 스포츠산업과의 연관성을 갖고 있으며
2) 목표 지향적 사회적 조직
3) 구조적 활동을 하고 있으며
4) 구성원과 비구성원의 구분이 비교적 유연하다.

KP 스포츠 조직의 특성
❶ 스포츠산업과 연관성
❷ 목표 지향적 사회적 조직
❸ 구조적 활동
❹ 구성원·비구성원의 유연한 구분

02 조직구조를 형성하는 핵심적인 3가지 요소를 들고, 이를 설명하시오.

답안 1) 복잡성이란 조직의 분화상태를 알 수 있고, 권위의 계층화를 알 수 있는 요소이며, 분화가 심화되면 복잡성은 증대된다.
2) 공식화란 조직 내 직무가 표준화되어 있는 정도를 나타내며, 구성원들의 행위와 태도를 규제한다.
3) 집권화란 조직의 의사결정 권한의 배분 정도를 나타낸다.

KP 조직의 구성 요소

구분		내용
핵심적 요소	복잡성	조직 분화 지향
	공식화	직무 표준화 지향
	집권화	의사결정 권한 정도 지향
부가적 요소	통합화	조직 활동의 조정과 통합

핵심적 요소 / 부가적 요소

03 조직구조의 구성 요소란 조직화의 기본적인 변수로 복잡성, 공식화, 집권화가 기본 요소이다. 다음 사례의 조직구조 구성 요소를 쓰고 그에 관해 설명하시오.

> 나이키(Nike)와 같은 다국적 네트워크 조직의 경우 운동화 디자인은 미국에서, 제조는 아시아에서 이루어지며 전 세계 판매망을 통해 판매되고 있다.

답안 복잡성을 말하며, 복잡성이란 조직의 분화상태를 알 수 있고, 권력 계층을 알 수 있는 요소이다. 분화가 심화하면 복잡성은 더욱 증대한다.

04 민츠버그가 주창한 조직을 구성하는 5가지 부문을 쓰시오.

답안 경영층, 중간라인, 업무핵심층, 테크노스트럭처, 지원 스텝
인명 **민츠버그(Henry Mintzberg)** : 캐나다 맥길대학교 경영학 교수로, 국제 경영학에서 높은 평가를 받고, 조직과 관련된 여러 이론을 주창하였다.
암기 조직 구성의 5부문 : 〈조직 구성 부문은 경중핵테지〉이다. 경영층, 중간라인, 업무핵심층, 테크노스트럭처, 지원 스텝

KP 조직의 5가지 부문

05 조직구조의 형태 5가지를 쓰시오.

답안 단순구조, 기계적 관료제 구조, 전문적 관료제 구조, 사업부제 구조, 애드호크러시

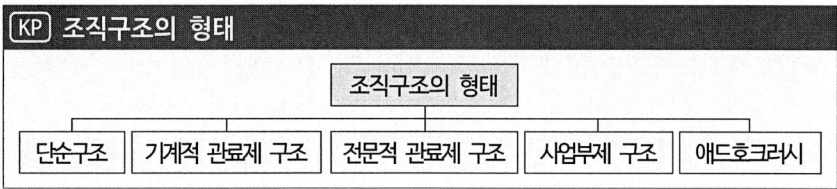

06 민츠버그가 주장한 조직구조의 형태와 관련된 조직의 핵심 부분을 서로 연결하시오.

A) 단순구조	·	·	a) 중간라인
B) 기계적 관료제 구조	·	·	b) 테크노스트럭처
C) 전문적 관료제 구조	·	·	c) 경영층
D) 사업부제 구조	·	·	d) 업무핵심층
F) 애드호크러시	·	·	f) 지원 스텝

답안 A) 단순구조 - c) 경영층
B) 기계적 관료제 구조 - b) 테크노스트럭처
C) 전문적 관료제 구조 - d) 업무핵심층
D) 사업부제 구조 - a) 중간라인
E) 애드호크러시 - f) 지원 스텝

보충 **조직 구성 요소와 조직 형태의 연관성** : 민츠버거의 조직 구성 5요소와 조직의 5형태는 서로 연관성을 갖고 있다. 아울러 둘은 모두 민츠버그가 주창하였다.

07 조직구조의 유형 중 기계적 관료제의 특징 6가지를 쓰시오.

답안 1) 대규모 조직에서 발생하며
2) 업무가 세분되어 있고
3) 반복적, 연속적 업무가 계속되며
4) 규정과 통제가 많고
5) 라인과 스텝 조직으로 편재
6) 효율성과 합리성 추구

KP 기계적 관료제의 특성
❶ 대규모 조직에서 발생 ❹ 많은 규정과 통제
❷ 업무 세분화 ❺ 라인과 스텝 조직
❸ 반복적·연속적 업무 ❻ 효율성과 합리성 추구

08 전문적 관료제의 특징 5가지를 설명하시오.

답안 1) 전문성 필요 조직에 적합
2) 기술·지식 실무 전문가에게 상당한 통제권한과 재량 부여
3) 업무부서가 핵심적 역할 수행
4) 스텝은 일상적 지원업무 담당
5) 복잡하지만, 안정적 업무에 적합
6) 수평적·수직적으로 분권화

KP 전문적 관료제의 특성
❶ 전문성 필요 조직에 적합
❷ 실무자에게 많은 재량 부여
❸ 업무부서가 핵심적 역할
❹ 스텝은 일상적 지원업무
❺ 안정적 업무에 적합
❻ 수평적·수직적으로 분권화

09 스포츠 조직 구조의 형태 중 사업부제 구조의 개념과 장단점을 각각 2가지를 쓰시오.

답안 1) 개념 : 조직의 핵심 부분이 중간 관리층이며, 제품, 지역 또는 고객 단위별로 분할되어 운영되며, 손익 발생의 기본 단위가 사업부이다.
2) 장점 : 자원의 효율적 배분 가능, 위험 분산, 환경변화에 능동적 대응
3) 단점 : 통제기능 약화, 본부가 사업부 권한을 침범할 우려가 존재한다.

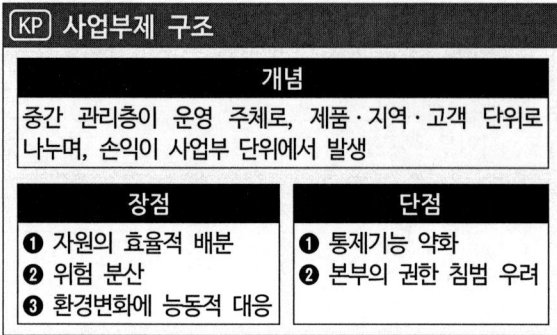

10 애드호크러시의 개념과 특징 3가지를 쓰시오.

답안 1) 개념 : task force로 구성되어, 임무가 완수되면 해산되는 임시조직이다.
2) 특징
① 수평적 직무 전문화가 이루어지며
② 프로젝트 중심으로 운영되며
③ 구성원의 능력 발휘가 수월하여 혁신성이 강하다.

용어 **에드호크러시(adhocracy)** : 제2차 세계대전 때 미국의 특수임무를 수행했던 기동타격대 애드혹팀(adhoc team)에서 유래되었고, 임무가 완수되면 해산 후 새로운 임무가 주어지면 다시 구성되는 임시조직이다.

11 조직구조 설계의 개념을 적고, 조직구조의 기본적 활동 2가지를 들고 이를 설명하시오.

답안 1) 개념 : 조직의 목표 달성을 위해 조직구조를 구축하거나, 기존의 구조를 변경하는 활동을 말한다.
2) 기본적 활동
① 분화 : 전체 과업을 작은 과업 단위로 세분화하는 활동
② 부문화 : 분화된 단위를 효율성 향상을 위해 연관 부분을 결합하는 활동

암기 조직구조 설계의 기본 활동 : 〈조직구조 설계는 분부〉이다. 분화와 부문화이다.

2. 인적자원관리

가. 인적자원관리의 이해

01 인적자원관리의 목표를 4가지 쓰고, 인적자원관리가 중요한 이유 2가지를 쓰시오.

답안 1) 인적자원관리의 목표 : ① 필요 인력의 확보 ② 보유 인력의 능력개발로 조직 목표 달성 ③ 개인의 성장과 발전을 위한 관리 ④ 개인과 조직의 목표 통합
2) 인적자원관리의 중요성 : ① 조직 목표는 인적자원에 의해 달성되고, 지속 성장을 추구하며 ② 인적자원 간의 경쟁심을 유발로, 조직 전체의 성과 향상에 기여한다.

KP 인적자원관리

목표
❶ 필요 인력 확보 ❸ 개인의 성장과 발전 목표
❷ 보유 인력의 능력개발 ❹ 개인·조직의 목표 통합

중요성
❶ 조직은 인적자원에 의해 과업 수행과 지속 성장
❷ 경쟁 유발로 조직성과 향상에 기여

02 다음은 스포츠 기업의 인적자원관리 절차이다. 인력 배치 → (1) → (2) → 능력개발 ( ) 속에 들어갈 적당한 용어를 쓰시오.

답안 1) 교육 훈련 2) 평가관리
보충 **인적자원관리 절차** : 인적자원관리를 위 문제처럼 단순화하는 것은 적절치 못하다. 인적자원관리의 일반적 절차는 아래와 같고, 이를 기억하면 절차에서 ( ) 속의 적정 용어를 찾을 수 있다.

KP 인적자원관리 절차

인적자원관리 계획수립 → 모집 → 선발 → 확보(유인) → 교육 훈련 → 평가관리 → 승진, 이동, 보상 → 퇴직 관리

03 인력 운영계획의 개념을 적고, 인력운영 계획의 중요한 내용 4가지를 쓰시오.

답안 1) 인력 운영계획의 개념 : 조직의 미래 인적자원 요구사항을 예측하고, 이를 충족하는 방법을 결정하는 활동이다.
2) 인력 운영계획의 중요 내용 : 현재 인력 분석, 미래 인력 요구사항 예측, 갭 분석, 솔루션 개발, 행동 계획, 실행 모니터링 등이다.

KP 인력 운영계획

개념
조직의 미래 인적자원 요구사항을 예측하고, 이를 충족하는 방법 결정 활동

내용
❶ 현재 인력 분석 ❹ 솔루션 개발
❷ 미래 인력 요구사항 예측 ❺ 행동 계획
❸ 갭 분석 ❻ 이미지 제고

나. 직무분석과 직무평가

01 인적자원관리에서 사용되는 직무분석과 직무평가에 대하여 각각 설명하시오.

답안 1) 직무분석 : 조직에 필요한 특정 직무의 내용과 요건을 분석하는 활동
2) 직무평가 : 직무의 중요도, 위험도 등을 평가하여 다른 직무와 비교하여 직무의 상대적 가치를 결정하는 활동

KP 직무분석과 직무평가

직무분석
특정 직무의 내용·요건 등의 분석 활동

직무평가
❶ 직무 중요도, 위험도 등을 평가
❷ 직무별 상대적 가치 결정 활동

02 직무분석의 목적과 직무분석 방법 3가지를 각각 쓰시오.

KP 직무분석

목적
❶ 업무의 양과 범위의 조정
❷ 조직 합리화의 기초로 활용
❸ 업무개선과 인사고과에 활용

방법
❶ 면접법 : 면접으로 자료 획득
❷ 관찰법 : 직무 활동을 관찰하여 자료 획득
❸ 워크샘플링법 : 여러 번에 걸친 관찰로 자료 획득
❹ 중요 사건화법 : 중요 업무를 사건화하여 자료 획득

답안 1) 직무분석의 목적 : ① 업무의 양과 범위를 적절히 조정하고, ② 책임과 통제 관계를 형성하여 조직 합리화 기초로 활용하며, ③ 업무개선과 인사고과의 기초로 활용한다.
2) 직무분석의 방법 : 면접법, 관찰법, 워크샘플링법, 중요 사건화법 등이다.
암기 직무분석 방법 : 〈직무분석은 면관워중〉
이다. 면접법, 관찰법, 워크샘플링법, 중요 사건화법

03 직무평가의 방법 3가지를 쓰시오.

KP 직무평가 방법
❶ 점수법 ❷ 요소비교법 ❸ 서열법 ❹ 분류법

답안 1) 점수법 2) 요소비교법 3) 서열법 4) 분류법
암기 직무평가 방법 : 〈직무평가는 점요서분〉이다. 점수법, 요소비교법, 서열법, 분류법

다. 인력 채용과 배치

01 인력 산정의 개념을 설명하고, 인력을 산정하는 방법 2가지를 적고, 이를 설명하시오.

KP 인력 산정

개념
조직 필요한 인원을 산정하는 것으로, 조직 목표와 전략, 업무 수행에 필요한 역량 등을 고려하여 인력 수를 결정

방법
❶ 거시적 접근 방법 : 경영 성과, 인건비 등 고려하여 전사적 인력 산정
❷ 미시적 접근 방법 : 직무분석 등으로 직무 단위별 인력 산정

답안 1) 인력 산정은 필요한 인력 수를 산정하는 것으로, 조직의 목표와 전략, 업무 수행에 필요한 역량 등을 고려하여 인력 수를 결정한다.
2) 인력 산정의 접근 방법은 거시적 접근 방법과 미시적 접근 방법으로 나눈다.
3) 거시적 접근 방법은 경영 성과, 인건비 등을 고려하여 전사적 인력을 산정하며, 미시적 접근 방법은 직무분석 등으로 직무 단위별 인력 수를 산정한다.

02 인력 배치의 개념을 적고, 인력 배치 원칙 4가지를 쓰시오.

KP 인력 배치

개념
인력을 적합한 직무에 할당하는 과정으로, 조직 효율성, 조직원 직무 만족도를 높이기 위한 관리 활동

원칙
❶ 적재적소 주의 ❷ 실력 위주
❸ 인재육성 주의 ❹ 균형 주의

답안 1) 인력 배치의 개념은 적절한 인원을 적합한 직무에 할당하는 과정으로, 조직의 효율성과 조직원의 직무 만족도를 높이기 위한 관리 활동이다.
2) 인력 배치의 원칙은 적재적소 주의, 실력 위주, 인재육성 주의, 균형 주의이다.
암기 인력 배치 원칙 : 〈인력 배치 원칙은 적실인균〉이다. 적재적소 주의, 실력 위주, 인재육성 주의, 균형 주의

03 인적자원의 채용에서 내부 채용의 장단점을 각각 2가지씩 쓰시오.

KP 내부 채용
장점
❶ 구성원 사기 앙양
❷ 의욕 있는 인재 발굴
❸ 책임 의식 함양
❹ 구성원 능력개발에 기여
단점
❶ 인력 편중 발생 위험
❷ 조직 질서 파괴 위험
❸ 인재 발굴 기회 상실
❹ 비밀누설 위험 존재

답안 1) 장점은 구성원의 사기 앙양에 이바지할 수 있으며, 의욕 있는 인재를 발굴할 수 있다.
2) 단점은 인력의 편중 현상이 나타날 수 있으며, 조직의 질서가 파괴되는 위험에 노출될 수 있다.
암기 내부 채용의 장단점 : 〈내부 채용 장점은 사발책능이고, 단점은 편파기비〉이다. 구성원 사기 앙양, 인재 발굴, 책임 의식, 능력개발이고 단점은 인력 편중, 질서 파괴, 인재 발굴 기회 상실, 비밀누설 위험 존재

라. 인적자원개발

01 인적자원개발의 개념과 인적자원개발 방법 4가지를 쓰시오.

KP 인적자원개발
개념
최대 능력을 발휘할 수 있도록 기술과 기능, 업무 지식 등을 향상시키는 활동
방법
❶ 강의법   ❹ 사례연구법
❷ 토의법   ❺ 비즈니스게임
❸ 역할 연기법 ❻ 인바스켓 훈련

답안 1) 인적자원개발의 개념 : 인적자원이 담당 직무를 수행할 때 최대 능력을 발휘할 수 있도록 기술과 기능, 업무 지식 등을 향상하는 활동이다.
2) 인적자원개발의 방법 : ① 강의법 ② 토의법 ③ 역할 연기법 ④ 사례연구법 등이다.
암기 인적자원개발 방법 : 〈인적자원개발 방법은 강토역사비인〉이다. 강의법, 토의법, 역할 연기법, 사례연구법, 비즈니스게임, 인바스켓 훈련

02 인적자원관리에서 훈련과 개발의 의미를 비교·설명하시오.

KP 훈련과 개발
훈련
현재 지향적 관점에서 직무수행 능력 향상 목적
개발
미래 지향적 관점에서 구성원의 성장·발전을 목표

답안 훈련과 개발은 인적자원개발 방법으로 유사성을 갖고 있다. 훈련은 현재 지향적 관점에서 직무 능력을 원활하게 할 목적으로 전개된다. 개발은 미래 지향적 관점에서 조직 구성원의 성장과 발전을 목적으로 전개된다.
암기 훈련과 개발 : 〈훈련은 현재 지향, 개발은 미래 지향적 관점〉이다.

03 스포츠시설의 성과를 높이기 위해서는 현장 직원의 능력개발이 필요하다. 직원 능력개발의 목적과 능력을 발전시키는 대표적 방법 3가지를 쓰시오.

KP 직원 능력개발
목적
직무수행 능력과 환경변화에 대한 적응력 향상
방법
❶ OJT ❷ Off-JT ❸ 자기 계발

답안 1) 직원 능력개발은 직무수행 능력 향상과 환경변화에 적응하는 능력 향상을 목적으로 한다.
2) 직원 능력개발 방법은 OJT, Off-JT, 자기 계발 등이다.
용어 **OJT와 Off-JT** : OJT는 on job training으로, 직장내 교육 훈련이고, Off-JT는 off job training으로 직장 외 교육 훈련이라고 해석한다.

04 OJT와 Off-JT의 개념을 각각 설명하시오.

KP OJT와 Off-JT

OJT(on job training)
직장 내 교육 훈련으로, 상사 혹은 선임자에 의해 직무수행 도중 시행하는 능력 향상 교육

Off-JT(off job training)
교육 훈련의 전문성을 갖춘 내외부 기관에서 시행하는 교육 훈련

답안 OJT의 개념은 직장 내에서 상사 혹은 선임자에 의해 직무수행 도중에 시행하는 능력 향상 교육을 말하며, Off-JT는 교육 훈련 관련 전문성을 갖춘 내외부 기관에서 시행하는 교육 훈련을 말한다.

05 인적자원관리의 OJT(on job training)의 장단점을 각각 3가지씩 쓰시오

KP OJT

장점
① 교육 내용의 현실성
② 협동 정신 강화
③ 능력에 따른 차별화
④ 쉬운 실행

단점
① 많은 인원 동시 교육이 어렵다.
② 원재료의 낭비 초래
③ 형식적 교육 가능성이 크다.
④ 방법 표준화가 어렵다.

답안 1) OJT의 장점 : 교육 내용이 현실적이며, 상사와 동료 간 협동 정신을 강화할 수 있고, 직무 생산성이 향상되며, 능력에 따른 교육 차별화가 가능하고, 실행이 비교적 쉬우며, 비용은 상대적으로 적게 소요된다.
2) OJT의 단점 : 많은 인력의 동시 교육이 어렵고, 원재료의 낭비를 초래할 수 있으며, 불성실한 교육이 진행될 수 있고, 내용과 방법의 표준화가 어렵다.

마. 인적자원 평가

01 인적자원 평가의 개념과 인적자원 평가의 중요성 4가지와 인적자원 평가 방법 4가지를 쓰시오.

KP 인적자원의 평가

개념	방법
일정 기간 개인 또는 조직 단위별로 성과를 따져보는 활동	① 목표에 의한 관리법 ② 인적 평정 센터법 ③ 행위 기준 고과법 ④ 비교법

중요성
① 인적자원의 질 향상 기회 마련
② 공정한 평가는 조직 발전의 기본
③ 구성원들의 인간관계 개선
④ 모티베이션과 리더십의 기반

답안 1) 인적자원 평가의 개념은 일정 기간 개인 또는 조직 단위별로 성과를 따져보는 활동이다.
2) 인적자원 평가의 중요성은 ① 인적자원의 질을 향상하는 기회가 되며 ② 공정한 평가는 조직 발전의 기본이고 ③ 구성원들의 인간관계 개선에 이바지하며 ④ 모티베이션, 리더십 등의 기반이 된다.
3) 인적자원 평가 방법은 ① 목표에 의한 관리법 ② 인적 평정 센터법 ③ 행위 기준 고과법 ④ 비교법 등이다.

참고 인적자원 평가 방법

구분	내용
목표에 의한 관리법 MBO	상사와 부하가 함께 성과 목표를 결정하고, 목표 달성을 정기 점검하며, 이에 따른 보상을 결정하는 경영시스템
인적 평정 센터법	피평가자를 함께 모아 상황에 따른 각종 의사결정, 토의, 심리검사 등으로 잠재능력, 자질 등을 관찰하는 방법
행위 기준 고과법	피평가자의 행위를 정기적으로 관찰하고, 이를 근거로 평가하는 방법
비교법	피평가자의 순위를 매겨 비교하여 평가하는 방법

용어 MBO : management by objective의 약어로, 목표에 의한 관리를 말한다.

02 MBO의 개념을 적고, MBO를 구성하는 공통적 요소 3가지를 쓰시오.

답안 1) MBO의 개념 : 목표에 의한 관리를 말하는 것으로, 구체적 성과 목표를 상사와 부하가 함께 결정하고, 목표 달성을 정기적으로 점검하며, 아울러 이에 따른 보상이 결정되는 경영시스템을 말한다.
2) MBO 요소 : 구체적 목표, 참여적 의사결정, 분명한 기간, 업무성과에 대한 피드백

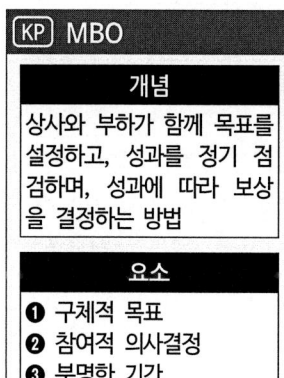

03 인적자원 평가 방법인 절대평가와 상대평가의 개념을 설명하시오.

답안 1) 절대평가 : 피평가자의 실제 업무 수행 정도를 평가하며, 피평가자의 육성에 초점을 맞춘다.
2) 상대평가 : 피평가자를 상호 비교하여 평가하는 방법으로, 피평가자의 선별에 초점을 맞춘다.

KP 절대평가와 상대평가

절대평가		상대평가	
개념	방법	개념	방법
피평가자의 업무 수행에 기초하여 평가하며, 피평가자의 육성에 초점	❶ 평정 척도법 ❹ 강제선택법 ❷ 체크리스트법 ❺ 자유 기술법 ❸ 중요사건기록법 ❻ 목표설정법	피평가자를 상호 비교하여 평가하며, 피평가자의 선별에 초점	❶ 서열법 ❷ 쌍대비교법 ❸ 할당법

암기 **상대평가법** : 〈상대평가법은 서쌍할〉이다. 서열법, 쌍대비교법, 할당법으로, 상대평가법 이외는 절대평가법이다.

04 인적자원을 평가할 때 사용하는 절대평가 방법을 보기에서 모두 고르시오.

・평정 척도법 ・서열법 ・쌍대비교법 ・할당법 ・체크리스트법 ・중요사건기록법 ・강제선택법

답안 절대평가는 평정 척도법, 체크리스트법, 중요사건기록법, 강제선택법, 자유 기술법, 목표설정법 등이다.

05 인적자원 평가에서 흔히 발생하는 오류 4가지를 쓰시오.

답안 1) 후광 효과 2) 시간적 오류 3) 객관성 결여 4) 관대화 경향 5) 중심화 경향

KP 평가의 오류
❶ 후광 효과 ❹ 관대화 경향
❷ 시간적 오류 ❺ 중심화 경향
❸ 객관성 결여

참고 인적자원 평가의 오류

구분	내용
후광 효과	피평가자의 어느 한 면을 기준으로, 다른 것도 같은 기준으로 평가하는 오류
시간적 오류	최근의 일을 집중적으로 평가하는 오류
객관성 결여	평가자의 주관을 기준으로 평가하여 객관성이 결여된 오류
관대화 경향	피평가자에 대해 실제보다 관대 또는 과소하게 평가하는 오류
중심화 경향	대상자 대부분을 평가의 중심에 가깝도록 평가하는 오류

암기 **인적자원 평가 오류** : 〈평가 오류는 후시객관중〉이다. 후광 효과, 시간적 오류, 관대화 경향, 중심화 경향

바. 구성원 경영참여와 노사관계

01 구성원이 경영에 참여할 수 있도록 만들어진 제도 4가지를 쓰시오.

답안 노동조합, 제안제도, 성과배분제도, 종업원지주제, 청년 중역 회의

암기 조직 구성원 경영 참여 제도 : 〈구성원 경영 참여는 노제성종청〉이다. 노동조합, 제안제도, 성과배분제도, 종업원지주제, 청년 중역 회의

KP 조직 구성원의 경영 참여

개념
조직 구성원 또는 노동조합이 경영에 참여하는 형태

제도	
❶ 노동조합	❹ 종업원지주제
❷ 제안제도	❺ 청년 중역 회의
❸ 성과배분제도	

02 부당노동행위의 개념을 쓰고, 산업현장에서 발생하는 부당노동행위 내용 4가지를 쓰시오.

답안 1) 부당노동행위의 개념 : 근로자의 정당한 노동 기본권리 행위 또는 노동조합 활동에 대하여 사용자의 부당한 방해 행위를 말한다.
2) 부당노동행위의 내용 : 부당한 대우, 횡견 계약, 단체교섭 거부, 지배, 개입 및 경비 원조, 보복적 불이익

용어 **횡견 계약** : yellow dog contract를 번역한 것으로, 직역하면 개똥 계약이다. 노동조합에 가입하지 않거나, 특정 노동조합 가입을 전제로 하는 고용계약을 말한다.(=황견계약)

암기 **부당노동행위** : 〈부당노동행위는 부횡지단개보〉이다. 부당한 대우, 횡견 계약, 지배, 단체교섭 거부, 개입과 경비 원조, 보복적 불이익

KP 부당노동행위

개념
근로자의 기본권리 행위와 정당한 노조 활동에 대해 사용자의 부당한 방해 행위

내용	
❶ 부당한 대우	❹ 단체교섭 거부
❷ 횡견 계약	❺ 개입과 경비 원조
❸ 지배	❻ 보복적 불이익

3. 조직 활성화

가. 리더십

01 스포츠 조직의 역량 강화에 필요한 요소 3가지를 들고, 이를 각각 설명하시오.

답안 1) 조직역량 강화 요소는 리더십, 동기 부여, 커뮤니케이션 등이며
2) 리더십이란 리더가 구성원들에게 유인을 제공하여 동기 부여를 유발하고, 조직의 목표 달성과 구성원의 능력을 향상시키는 활동
3) 동기 부여란 조직 구성원 스스로 조직의 목표를 자신의 중요한 목표 중 하나로 생각하도록 하고, 이를 달성하기 위해 최선을 다하도록 유도하는 과정
4) 커뮤니케이션은 개인 또는 조직의 차원에서 메시지나 정보 등을 교환하고, 공유하는 활동

KP 조직역량 강화 요소

리더십	동기 부여	커뮤니케이션
구성원에게 동기를 부여하여 조직의 목표 달성과 구성원 능력 향상 활동	구성원이 조직 목표를 자신의 목표로 생각하여 달성하도록 유도하는 활동	개인 또는 조직 간 메시지, 정보 등을 교환·공유하는 활동

[02] 스포츠 조직에서 리더십의 역할 5가지를 쓰시오.

답안 1) 구성원의 역량을 결집하여 조직역량이 개인 역량의 합보다 더 크게 발휘될 수 있도록 하고
2) 리더십은 집단 성과와 조직 전체의 성과를 좌우하며
3) 구성원들이 목표 달성에 이바지하는 동기 부여의 요인이 되며
4) 구성원의 역량을 향상시키는 촉진 역할을 하고
5) 개인과 조직의 발전을 위한 아이디어의 제시하며
6) 조직의 변화를 촉진시킨다.

KP 리더십의 역할
❶ 조직역량 향상
❷ 조직 전체의 성과에 기여
❸ 구성원 동기 부여
❹ 구성원 역량 향상 촉진
❺ 발전적 아이디어 제시
❻ 조직 변화 촉진

[03] 스포츠 조직의 리더십 이론의 발달 단계 3가지를 순서대로 쓰시오.

답안 리더십은 특성이론 → 행동이론 → 상황이론 순으로 발달하였다.
참고 **리더십 이론의 발달 단계** : 리더십의 특성이론은 인성, 지능, 신체 등의 특성이 구성원보다 우월하다는 관점을 전제로 하며, 행동이론은 구성원의 만족도와 과업 성과에 영향이 크다는 것을 전제하며, 상황이론은 리더십이 상황에 따라 변화한다는 것을 전제로 한다.

KP 리더십 이론의 발달 단계
특성이론 → 행동이론 → 상황이론

[04] 리더십의 특성이론과 행동이론을 설명하시오.

답안 1) 특성이론에서 리더는 인성·지능·육체적으로 구성원보다 우수한 특성이 있다는 관점으로, 리더십의 초기 이론이다.
2) 행동이론은 리더의 행동이 구성원의 만족도, 과업 성과 등에 미치는 영향이 크다는 이론으로, Managerial Grid(관리 격자) 이론이 대표적이다.

KP 특성이론과 행동이론

특성이론	행동이론
❶ 리더는 인성·지능·신체 등의 특성이 구성원보다 우수하다는 관점 ❷ 리더십의 초기 이론	❶ 리더의 행동이 구성원의 만족도, 과업 성과 등에 미치는 영향이 크다는 이론 ❷ Managerial Grid(관리 격자) 이론이 대표적

[05] 매너지리얼 그리드 이론의 개념을 설명하고, 이 이론의 리더 유형 5가지를 쓰시오.

답안 1) 매너지리얼 그리드 이론은 리더의 행동에 중점을 두며, 리더의 행동에 따라 구성원의 만족도, 과업 성과 등에 미치는 영향을 미친다는 이론
2) 리더의 유형은 무관심형 리더(1.1형), 인간관계 중시형 리더(1.9형), 과업 중시형 리더(9.1형), 중간형 리더(5.5형), 이상적 리더(9.9형)로 나눈다.
용어 **managerial grid** : 관리 격자 이론이라고 하며, 블레이크와 모오톤이 주장하였고, 행동이론의 바탕을 이룬다.

[06] 리더십에서 사용하는 상황 이론의 개념을 설명하고 상황 변수 3가지와 이 이론의 한계점 2가지를 쓰시오.

답안 1) 상황 이론의 개념 : 모든 조직에 적용 가능한 리더십은 존재하지 않고, 처한 상황에 따라 리더십이 결정된다는 관점으로, 피들러가 주장하였다.
2) 상황 변수 : ① 리더-구성원 관계 ② 직위 권력 ③ 과업 구조
3) 한계점 : 상황 변수가 복잡하고, 크기 측정이 어렵다.

KP 상황 이론

개념
모든 조직에 적용 가능한 리더십은 없고, 조직이 처한 상황에 따라 리더십이 결정된다는 관점으로, 피들러의 이론이다.

상황 변수	한계점
❶ 리더와 구성원의 관계 ❷ 직위 권력 ❸ 과업 구조	❶ 상황 변수가 복잡하다. ❷ 크기 측정이 어렵다.

[07] 허쉬-블랜차드의 상황적 리더십 이론에서 리더십 유형 4가지를 쓰시오.

답안 지시형 리더십, 설득형 리더십, 참여형 리더십, 위임형 리더십
암기 허쉬-블랜차드의 상황적 리더십 : 〈허쉬는 지설참위〉이다. 지시형, 설득형, 참여형, 위임형
참고 허쉬-블랜차드(Hersey-Blanchard)의 상황적 리더십의 배경
1) 상황적 리더십 이론의 개요 : 피들러의 상황 이론을 발전시킨 것으로, 과업 행동과 관계 행동을 변수로 상황적 리더십 유형을 제시한 것이다. 리더십의 유효성을 높이기 위해서는 부하의 성숙도가 중요한 요인으로 작용하며, 부하 성숙도는 성숙과 미숙 정도로 구분한다.

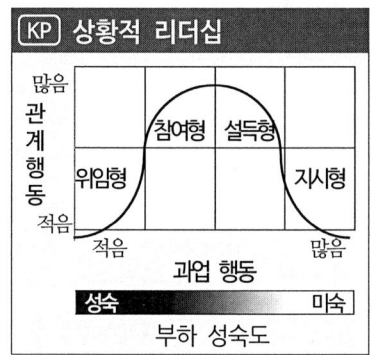

2) 리더십의 유형과 행동 : 부하의 성숙도는 과업 수행 능력과 수행 의지를 조합하여 4단계로 나누고 있으며, 이에 따라 적합한 리더십 유형과 행동이 필요하다.

[08] 리더십의 경로-목표 이론에서 리더의 유형 4가지를 쓰고 각각에 대해 설명하시오.

답안 1) 지시적 리더 : 일의 목표, 일정, 일의 시행 방법 등을 명확히 설정해 주는 리더
2) 지원적 리더 : 구성원 개개인의 욕구 충족에 관심을 보이는 리더
3) 참여적 리더 : 의사 결정 과정에 구성원들의 의견을 적극적으로 반영하는 리더
4) 성취 지향적 리더 : 도전적 목표로, 구성원의 능력을 최대화하려는 리더
암기 경로-목표 이론에서 리더의 유형 : 〈경로 목표 리더는 지지참성〉이다. 지시적·지원적·참여적·성취 지향적 리더

KP 경로-목표 이론에서 리더 유형

지시적 리더	지원적 리더
일의 목표, 일정, 일의 방법 등을 명확히 설정해 주는 리더	구성원 개인의 욕구 충족에 관심을 보이는 리더
참여적 리더	성취 지향적 리더
의사결정 과정에 구성원의 의견을 적극 반영하는 리더	도전적 목표로, 구성원 능력을 최대화하려는 리더

[09] 교환적 리더십과 변혁적 리더십을 가진 리더의 행동 특성을 각각 3가지씩 쓰시오.

[답안] 1) 교환적 리더십은 기존의 행동이론, 상황이론과 유사한 경향을 나타내고 있으며, 구성원의 이익을 자극하며, 리더와 구성원 사이에 상호 교환적 관계를 지향하고, 현재의 성과를 유지하기 위한 안정적 방향을 지향한다.
2) 변혁적 리더십은 구성원을 더욱 높은 차원으로 이끌 수 있으며, 혁신적이고, 목표와 가치를 더 높은 차원을 지향하고, 변화를 추구한다.

[용어] **교환적 리더십** : 교환적 리더십을 일부 교섭적 리더십이라고도 한다.

KP 교환적 리더십과 변혁적 리더십	
교환적 리더십	변혁적 리더십
❶ 구성원의 이익을 자극 ❷ 상호 교환적 관계 지향 ❸ 현재 성과를 유지하는 안정 지향적	❶ 변혁 지향적이며 구성원을 리더로 개발 ❷ 목표와 가치를 높은 차원으로 고양 ❸ 변화를 유도하는 방법의 의사소통

[10] 리더십의 직무특성이론의 개념과 핵심 직무의 수준 3가지를 쓰시오.

[답안] 1) 직무특성이론의 개념은 핵심 직무의 특성이 수행자의 성장 욕구에 부합할 때 긍정적인 동기 유발 효과를 초래한다는 이론이다.
2) 핵심 직무는 기술 다양성, 직무 정체성, 직무 중요성, 과업 자율성, 피드백 등이다.

KP 직무특성이론
개념
핵심 직무의 특성이 수행자의 성장 욕구에 부합할 때 긍정적인 동기 유발 효과 초래
핵심 직무 수준
❶ 기술 다양성 ❹ 과업 자율성 ❷ 직무 정체성 ❺ 피드백 ❸ 직무 중요성

[11] 카리스마 리더십의 개념을 적고, 카리스마 리더의 성격적 특성 4가지를 쓰시오.

[답안] 1) 카리스마 리더십의 개념 : 리더가 구성원에게 영향력을 미치기 위해 개인적 많은 능력과 큰 재능을 활용하는 리더십
2) 카리스마 리더의 특성
① 타인을 지배하고자 하는 강한 우월성
② 자신의 능력에 대한 높은 자신감
③ 자신의 신념과 관점에 대한 확신
④ 타인에게 영향력을 행사하고자 하는 강한 권력 욕구

[용어] **카리스마(charisma)** : 원시 그리스도교의 종교적 용어에서 유래되었다. 특별한 능력을 말한다.

KP 카리스마 리더십
개념
구성원에게 영향력을 미치기 위해 개인적 많은 능력과 큰 재능을 활용하는 리더십
특성
❶ 타인을 지배하고자 하는 강한 우월성 ❷ 자신의 능력에 대한 높은 자신감 ❸ 자신의 신념과 관점에 대한 확신 ❹ 타인에게 영향력을 행사하는 강한 권력 욕구

12 리더십과 권력의 관계를 설명하고, 리더십과 관련된 권력의 형태 5가지를 쓰시오.

답안 1) 리더십과 권력의 관계 : 리더십과 권력은 밀접한 관계이다. 강한 권력을 가진 리더를 따르려고 하고, 많은 사람이 따르는 리더는 강한 권력을 갖고 있다.
2) 리더십 관련 권력 형태 : ① 보상적 권력 ② 강압적 권력 ③ 합법적 권력 ④ 준거적 권력 ⑤ 전문적 권력

참고 **리더십 관련 권력의 형태** : 프렌치(French)와 레이븐(Raven)이 주창하였다.

암기 **권력의 5가지 형태** : 〈권력 형태는 보강합준전〉이다. 보상적, 강압적, 합법적, 준거적, 전문적 권력

참고 **권력의 5가지 형태**

구분	내용
보상적 권력	다른 사람이 원하는 보상을 해 줄 수 있는 자원과 능력을 갖추고 있을 때 발생
강압적 권력	처벌이나 위협을 가할 수 있을 때 발생
합법적 권력	권력을 정당하게 행사할 수 있을 때 발생
준거적 권력	자기보다 뛰어나다고 인식되는 사람을 존경할 때 발생
전문적 권력	리더가 특정 분야의 전문적 기술이나 지식을 갖고 있을 때 발생

KP 리더십과 권력

리더십과 권력의 관계
강한 권력을 가진 리더를 따르려고 하고, 많은 사람이 따르는 리더는 강한 권력을 갖고 있다.

리더십 관련 권력의 형태
❶ 보상적 권력 ❹ 준거적 권력
❷ 강압적 권력 ❺ 전문적 권력
❸ 합법적 권력

나. 동기 부여

01 동기 부여의 개념과 허츠버그의 2요인 이론을 각각 설명하시오.

답안 1) 동기 부여란 조직 구성원 스스로 조직의 목표를 자신의 중요한 목표 중 하나로 생각하도록 만들고, 이를 달성하기 위해 최선을 다하도록 유도하는 활동을 말한다.
2) 허츠버그의 2요인 이론 중 동기 요인은 일을 통해 성취감 혹은 인정을 받도록 할 수 있는 요인을 말하며, 위생요인은 봉급, 작업조건 등을 개선하였지만 일시적 만족을 느끼거나 불만을 해소할 뿐 직접적인 동기를 유발하지 못하는 요인을 말한다.

KP 동기 부여와 2요인 이론

동기 부여의 개념
구성원 스스로 조직의 목표를 자신의 중요한 목표 중 하나로 생각하도록 만들고, 이를 달성하는 활동

2요인 이론
| 동기요인 | 동기를 크게 높이는 요인으로, 성취감·책임감·목표 달성 의욕 등 |
| 위생요인 | 동기유발 정도가 동기 요인보다 낮으며, 인간관계·작업환경·급여 등 |

02 매슬로우가 주창한 욕구 5단계 이론의 단계별 욕구를 순서대로 쓰시오.

답안 생리적 욕구 → 안전 욕구 → 애정과 소속의 욕구 → 존중의 욕구 → 자아실현 욕구

인명 **매슬로우(Abraham Maslow)** : 미국의 철학자이자 심리학자이다. 인본주의 심리학의 창설을 주도하였으며, '욕구 5단계'를 주장한 것으로 유명하다.

암기 **욕구 5단계 이론** : 〈욕구는 생안애존자의 5단계〉이다. 생리·안전·애정·존경·자아실현 욕구

KP 욕구 5단계 이론
❶ 생리적 욕구
❷ 안전 욕구
❸ 애정과 소속의 욕구
❹ 존중의 욕구
❺ 자아실현 욕구

참고 **매슬로우의 욕구 8단계 이론** : 욕구 5단계 이론은 대부분 익숙하지만, 욕구 8단계 이론은 생소할 것이다. 매슬로우는 살아있는 동안 5단계 의론에 하나를 추가하였고, 사후 후학들이 2개를 추가하여 8단계 이론이 되었다. 시험에 8단계 이론은 출제되지 않으므로 외울 필요가 없고, 참고적으로 알고만 있으면 된다.

03 앨더퍼의 ERG 이론의 욕구 단계 3가지를 쓰시오

답안 존재 욕구, 관계 욕구, 성장 욕구
암기 앨더퍼의 ERG 이론 : 〈앨더퍼는 존관성〉이다. 존재·관계·성장 욕구
참고 욕구 5단계 이론과 앨더퍼의 욕구 3단계 이론의 비교 : 앨더퍼의 욕구 3단계 이론은 매슬로우의 욕구 5단계 이론을 3단계로 정리한 이론이다. '존재-관계-성장의 욕구'라고도 한다.
용어 ERG : existence, relatedness, growth needs(존재, 관계, 성장 욕구)
인명 앨더퍼(Clayton Paul Alderfer) : 미국의 심리학자로, 매슬로우의 '욕구 5단계' 이론을 발전시켰다.

다. 커뮤니케이션

01 커뮤니케이션 장애를 일으키는 개인적, 메시지 관련, 조직적 차원에서 각각의 요인을 쓰시오.

답안 1) 개인적 차원 : 발신자와 수신자의 커뮤니케이션 기술 차이
2) 메시지 차원 : 양의 과다, 복잡성, 시간적 제약
3) 조직적 차원 : 내용 여과, 지체, 지리적 원거리, 경직적 조직문화

개인적 차원	메시지 관련 차원	조직적 차원
커뮤니케이션 기능 차이	커뮤니케이션 양의 과다, 복잡성, 시간적 제약	내용 여과, 지체, 원거리, 경직적 조직문화

KP 커뮤니케이션 장애 요인

02 커뮤니케이션 전략을 수립해야 하는 상황 2가지를 쓰시오.

답안 조직 내 커뮤니케이션 장애가 발생하거나, 구성원들의 커뮤니케이션 방법을 강화가 필요할 때

KP 커뮤니케이션 전략 수립 필요 상황
❶ 조직 내 커뮤니케이션 장애가 발생할 때
❷ 구성원의 커뮤니케이션 방법 강화가 필요할 때

03 커뮤니케이션 전략 수립 절차 5단계를 쓰시오.

답안 커뮤니케이션 전략 수립 단계는 인식 수준 분석 → 장애 요인의 파악 → 대응 방안의 개발 → 실행 → 결과 평가의 순이다.

KP 커뮤니케이션 전략 수립 단계
인식 수준 분석 → 장애 요인 파악 → 대응 방안 개발 → 실행 → 결과 평가

제3장 스포츠 파이낸싱

1. 재무관리

01 스포츠 조직에서 재무관리의 개념을 적고, 재무관리의 기능 3가지를 쓰시오.

답안 1) 재무관리란 재무관리의 기법을 이용하여 자본을 합리적으로 조달하고, 조달된 자본을 효과적으로 운영하며, 적정한 배당을 결정하는 활동이다.
2) 재무관리의 기능은 투자 결정, 자본 조달, 배당 결정 등이다.

암기 재무관리의 기능 : 〈재무관리는 투자배〉이다. 투자 결정, 자본 조달, 배당 결정

KP 재무관리	
개념	기능
재무관리 기법을 이용하여 자본의 합리적 조달, 조달 자본의 효과적 운영, 적정 배당을 결정하는 활동	❶ 투자 결정 ❷ 자본 조달 ❸ 배당 결정

02 재무분석의 개념과 재무 전략의 의미를 각각 쓰시오.

답안 1) 재무분석은 조직의 재무 활동을 평가하고 향후 조직 운영을 위한 의사결정 도움 주는 분석이며
2) 재무 전략은 경영자 관점에서 자본 비중 결정과 증자 또는 주식발행, 합병과 인수 등으로 조직 가치의 변화를 평가하고 이를 실행하는 방법을 결정하는 전략이다.

KP 재무분석와 재무 전략
재무분석
재무 활동을 평가하고, 향후 조직 운영을 위한 의사결정에 도움을 주려는 재무적 관리
재무 전략
경영자 관점에서 자본 비중 결정과 증자, 주식발행, 합병·인수 등의 조직 가치 변화를 평가하고, 실행 방법을 결정하는 전략

03 일반적으로 기업이 사용하고 있는 재무제표 4가지를 쓰시오.

답안 재무제표는 재무상태표, 손익계산서, 이익잉여금 처분계산서(결손금 처리계산서), 현금흐름표이다.

KP 재무제표
❶ 재무상태표 ❷ 손익계산서 ❸ 이익잉여금 처분계산서(결손금 처리계산서) ❹ 현금흐름표

암기 재무제표 : 〈재무제표는 재손이현〉이다. 재무상태표, 손익계산서, 이익잉여금 처분계산서, 현금흐름표
용어 **재무상태표** : 재무상태표는 오랜 기간 대차대조표라고 하였다.
참고 **이익잉여금 처분계산서와 결손금 처리계산서** : 전자는 이익 발생 시, 후자는 손해 발생 시 작성

04 재무상태표와 손익계산서의 개념을 설명하시오.

답안 1) 재무상태표 : 특정 시점의 재무 상태를 나타내는 재무제표
2) 손익계산서 : 일정 기간의 이익과 손해를 나타내는 재무제표

KP 재무상태표와 손익계산서	
재무상태표	손익계산서
특정 시점 재무 상태를 나타내는 재무제표	일정 기간 이익·손해를 나타내는 재무제표

암기 재무상태표와 손익계산서 : 〈재무상태표는 특정 시점, 손익계산서는 일정 기간〉이다.

[05] 재무상태표는 차변과 대변으로 나누는데, 차변에는 (A), 대변에는 (B)를 기록한다. ( )에 들어갈 용어를 각각 순서대로 쓰시오.

답안 (A) 자산, (B) 부채와 자본
암기 재무상태표 : 〈재무상태표는 차대변이며, 내용은 자산=부채+자본〉이다.

KP 재무상태표의 구성	
차변	대변
유동자산	유동부채
고정자산	고정부채
	자본
자산합계	부채와 자본합계

[06] 손익계산서는 일정 기간 이익과 손해를 나타낸다. 손익계산서에 나타내는 경상이익을 계산하기 위해 가장 먼저 기록되는 항목 3가지를 쓰시오.

답안 손익계산서에서 경상이익을 계산하려면 먼저 기록되는 항목은 매출액, 매출원가, 매출이익이다.

> **KP 손익계산서의 구성**
> ❶ 매출액 ❷ 매출원가 ❸ 매출이익 ❹ 일반관리비 ❺ 판매관리비 ❻ 영업 외 수익 ❼ 영업 외 비용
> ❽ 경상이익 ❾ 특별이익 ❿ 특별손실 ⓫ 세전 순이익 ⓬ 법인세 등 ⓭ 당기 순손익

보충 손익계산서 : 위 KP의 1~13까지를 순서대로 빼거나, 더하여 매출이익, 경상이익, 당기 순손익을 계산한다.

[07] 아래 보기는 A 스포츠센터의 2023년 경영 성과이다. A 스포츠센터의 경상이익은 얼마인가? 계산 과정을 반드시 기록해야 한다.

> • 매출액 240,000천원 • 매출원가 180,000천원 • 일반관리비 40,000천원 • 판매관리비 30,000천원
> • 영업 외 수익 50,000천원 • 영업 외 비용 25,000천원 • 특별이익 30,000천원 • 특별손실 2,000천원

답안 경상이익은 매출액-매출원가-일반관리비-판매관리비+영업 외 수익-영업 외 비용이다.
240,000-180,000-40,000-30,000+50,000-25,000=15,000천원
보충 경상이익과 당기 순손익 : 경상이익에서 특별 손익을 더하거나 빼고, 법인세액을 빼면 당기 순손익이다.

[08] 화폐의 시간적 가치 개념과 이를 계산하는 방법을 설명하시오.

답안
1) 화폐의 시간적 가치의 개념 : 동일한 액수의 돈도 평가 시점에 따라 가치가 다름을 의미한다.
2) 화폐의 시간적 가치 계산 방법 : 화폐의 과거, 현재, 미래의 가치를 일정 기준으로 계산하여 그 실질적인 가치를 비교한다.

KP 화폐의 시간적 가치

개념	계산 방법
같은 액수의 돈도 평가 시점에 따라 가치가 다름을 나타낸다.	화폐의 과거, 현재, 미래의 가치를 일정 기간을 기준으로 계산하여 그 실질적인 가치를 비교

계산 공식	
현재 가치	화폐의 현재가치 : $P_o = P_n(1+R)^{-n} = P_n/(1+R)^n$ 미래의 현금 P_n는 n 기간 동안 R의 이자율로 계산한 현재가치 P_o
미래 가치	화폐의 미래가치 : $P_n = P_o(1+R)^n$ 현재의 현금 P_o를 n 기간 동안 R의 이자율로 계산한 미래가치 P_n

[09] 서울시 동대문구청은 동대문구 스포츠센터를 건립하려고 한다. 현재 건립비용은 부지 비용을 포함하여 20억 원으로 예상하지만, 건립 후 잘 운영하면 2년 후에 민간인에게 30억 원 정도를 받고 매각할 수 있을 것으로 추정한다. 이자율이 10%라고 가정하고 이 투자안의 현재가치를 구하고, 이 투자의 시행 여부를 결정하시오.

답안 2년 후 30억 원의 현재가치를 계산하면 30억 원/$(1+0.1)^2$=약 24.8억 원이므로, 투자를 시행하는 것이 옳다.

보충 **계산 문제해설** : 투자안의 현재가치를 계산하면 24.8억 원인데 이를 20억 원에 건립한다는 것이다. 즉 동대문구청의 입장에서는 20억 원을 들여 현재가치 24.8억 원짜리의 스포츠센터를 건립하는 것으로 투자를 시행하는 것이 옳다.

[10] 유도선수였던 장승규는 아시안 게임에서 금메달을 따 매년 체육 연금을 200만원씩 10년간 받기로 되었다. 이를 일시금으로 받으면 얼마를 받을 수 있을까? 단 이자율은 매년 10%를 적용하고, 계산 과정을 반드시 기재해야 한다.

답안 화폐의 현재가치 계산 공식은 $P_0=P_n(1+R)^{-n}=P_n/(1+R)^n$이다. 공식에서 P_0는 현재가치, P_n는 n기간이 지난 미래의 현금 가치, R은 이자율을 나타낸다. 연도별로 받는 200만원을 현재가치로 바꾸어야 한다.
P_0=200+{200/$(1.1)^1$}+{200/$(1.1)^2$}+{200/$(1.1)^3$}+{200/$(1.1)^4$}+{200/$(1.1)^5$}+{200/$(1.1)^6$}+{200/$(1.1)^7$}+{200/$(1.1)^8$}+{200/$(1.1)^9$}≒200+182+165+150+137+124+113+103+93+85 = 1,352만원

보충 **계산 방법** : 첫 해는 원금만 받고, 이후는 각 연도별 이자까지 포함된 금액을 받는 것으로 계산하여 모두 더하면 일시금 금액이 된다.

[11] S그룹 직원인 이씨는 월급 4백만을 받았지만 최근 직장을 그만두고 스크린 골프장 사업을 하려고 한다. 스크린 골프장을 설립하는데 인건비, 임대료, 설치비 등 총 4억5천만원이 소요되고, 연매출액은 5억 정도로 예상한다. 여기에서 소득을 회계 비용과 기회비용 각각의 개념을 들어 소득을 설명하시오.

답안 1) 기회비용이란 여러 가능성 중 하나를 선택했을 때 그 선택으로 인해 포기해야 하는 것에 대한 가치를 말하며, 회계 비용은 스크린 골프장 설립에 필요한 제반 비용을 말한다.
2) 이씨의 소득은 5억원-(4백만×12월+4억5천만원)=2백만원이 된다.

KP 회계 비용과 기회비용

기회비용	회계 비용	계산 공식
여러 대안 중 하나를 선택할 때 그 선택으로 포기해야 하는 가치의 비용	장부에 기록되는 실제 지출 비용	기회비용 = 암묵적 비용 + 명시적 비용

참고 **암묵적 비용과 명시적 비용**

구분	내용
암묵적 비용	눈에 보이지 않는 비용, 즉 자신이 포기하는 기회의 잠재적 비용 예 : 직장을 사직하므로 발생할 수 있었던 연봉
명시적 비용	실제 지출 비용을 말하며, 이를 달리 회계 비용이라고 한다. 예 : 인건비, 임대료 등

[12] 매년 말 200만원을 영원히 지급받는 영구연금을 받는 사람이 올해 한꺼번에 받는다고 가정할 때의 수령 금액을 계산하시오. 단, 연간이자율은 10%를 적용한다.

[답안] 영구연금의 현재가치 계산 공식은 매년 지급액/이자율이다. 200만원/0.1=2,000만원이다.

[KP] 영구연금의 현재가치 계산

| 공식 | 영구연금의 현재가치=매년 지급액/이자율 |

[보충] **영구연금** : 영구연금이라 할지라도 50년 이후 연금은 현재가치로 환산하면 거의 0에 가까워져 큰 의미가 없으므로 위의 공식을 적용하면 된다.

2. 원가계산

[01] 원가계산의 개념을 적고, 원가계산 방법 5가지를 쓰시오.

[답안] 원가계산은 제품이나 서비스를 생산·제공에 든 비용을 측정하고, 분류하여 기록하는 과정이며, 계산 방법은 개별 원가계산, 종합 원가계산, 표준 원가계산, 변동 원가계산, 전부 원가계산 방법 등이다.

[KP] 원가계산

개념	계산 방법
제품이나 서비스의 생산·유통에 소요된 비용을 측정하고, 분류하여 기록하는 과정	❶ 개별 원가계산 : 제품이나 서비스의 개별적 원가를 계산하는 방법 ❷ 종합 원가계산 : 총원가를 총생산량으로 나누어 제품 단위별 원가를 산정하는 방법 ❸ 표준 원가계산 : 표준 원가와 실제 원가의 차이를 분석하여 관리하는 방법 ❹ 변동 원가계산 : 손익계산에서 매출원가와 판매관리비를 제하여 영업이익을 계산하는 방법 ❺ 전부 원가계산 : 생산 소요 비용에 판매비 및 관리비를 더하여 총원가를 산정하는 방법

[암기] **원가계산 방법** : 〈원가계산은 개종표변전〉이다. 개별, 종합, 표준, 변동, 전부 원가계산

[02] 원가계산 방법 중 표준 원가계산 방법과 변동 원가계산 방법의 차이를 설명하시오.

[답안] 표준 원가계산은 직접 재료비와 직접 노무비, 변동 제조간접비와 고정 제조간접비를 제품원가에 포함하지만, 변동 원가계산은 이 중 고정 제조간접비를 제외하고 원가를 계산한다.

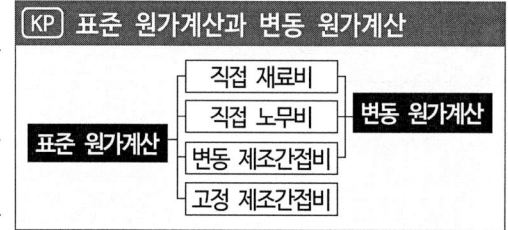

[보충] **표준 원가계산과 변동 원가계산 차이** : 고정 제조간접비를 포함하면 표준 원가계산 방법이고, 고정 제조간접비를 제외하면 변동 원가계산 방법이다.

[03] 원가관리 시스템의 개념을 적고, 원가관리 시스템의 기능 3가지를 쓰시오.

[답안] 1) 원가관리 시스템은 원가를 측정·분석·관리하는 도구로, 예산 배정, 손익 추정, 생산성 정보 등을 포함한 다양한 경영 정보를 제공하여 비용을 효과적으로 관리하고, 이윤 극대화를 추구하기 위한 시스템을 말한다.
2) 원가관리 시스템은 원가계산, 원가 분석, 원가 절감 조치의 기능을 수행한다.

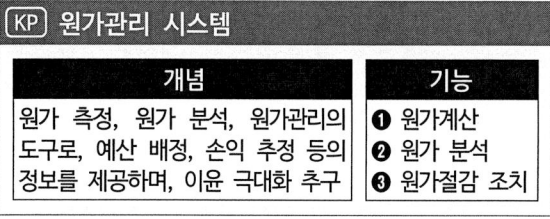

[04] 원가관리 시스템에서 직접원가와 간접원가를 구분해서 설명하시오.

[답안] 1) 직접원가는 제품 소비 대상을 추적할 수 있어 직접 부가하는 원가이고,
2) 간접원가는 직접 추적이 불가능하여 대상별로 원가를 일정 기준으로 배부하여 분할되는 원가를 말한다.

[KP] 직접원가와 간접원가

직접원가
제품 소비 대상을 추적할 수 있어 직접 부가하는 원가

간접원가
직접 추적이 불가능하여 대상별 일정 기준으로 원가를 배분하는 원가

[05] 원가관리에서 사용하는 ABC와 ABM을 구분해서 설명하시오.

[답안] ABC는 활동기준 원가계산이고, ABM은 활동기준 경영으로 해석한다. 서로 밀접하게 연관성을 갖고 있다. ABC는 생산 소요 간접비용을 보다 정확하게 활동기준으로 배분하는 방법이고, ABM은 ABC의 정보를 활용하여 경영활동을 개선하고자 하는 관리 기법이다.
[용어] ABC와 ABM : ABC는 activity based costing, ABM은 activity-based management의 약어이다.

[KP] ABC와 ABM

ABC
생산 소요 간접비용을 정확하게 계산하는 방법

ABM
ABC 정보를 활용하여 경영활동을 개선하는 관리 기법

[06] 목표원가의 개념과 목표원가를 달성하기 위한 방법 3가지를 쓰시오.

[답안] 1) 목표원가는 시장에서 수용 가능한 가격에서 목표이익을 뺀 원가로, 제품이나 서비스의 원가를 미리 정한 목표치에 맞게 설계하여 생산하는 방식이다.
2) 목표원가를 달성하는 방법은 가치공학, 동시 설계, 게스트 엔지니어링 등을 활용한다.

[KP] 목표원가

개념	달성 방법
시장 수용 가능한 가격에서 목표이익을 뺀 원가로, 상품 원가를 미리 정하여 생산하는 방식	❶ 가치공학 ❷ 동시 설계 ❸ 게스트 엔지니어링

[참고] 목표원가 달성을 위한 방법

구분	주요 내용
가치공학 value engineering	제품수명주기 상의 모든 기능을 분석하고, 같은 기능에서 원가 최소화와 주어진 원가에서 기능 최대화 등을 추구하는 학문
동시 설계 concurrent engineering	원가 관련 모든 부서가 개발 단계에서부터 서로 협력하여 원가를 낮추는 방법을 모색하여 설계하는 방법
게스트 엔지니어링 guest engineering	설계단계에서부터 협력업체와 함께 참여하여 원가 절감방안을 모색하는 방법

[암기] 목표원가 달성 방법 : 〈목표원가 달성법은 가동게〉이다. 가치공학, 동시 설계, 게스트 엔지니어링

[07] 품질원가의 개념과 품질원가를 관리하는 방법 2가지를 적고, 이를 설명하시오.

답안 1) 품질원가란 제품이나 서비스의 품질과 관련되어 지급하는 모든 비용을 말하며, 품질 유지와 효율적 비용 사용을 동시에 추구한다.
2) 품질원가는 설계품질 원가와 제조품질 원가로 구분하는데, 설계품질 원가는 설계단계에서 원가를 관리하며, 제품품질 원가는 생산단계에서 설계된 기능과 일치하는지 판단하며 원가를 관리한다.

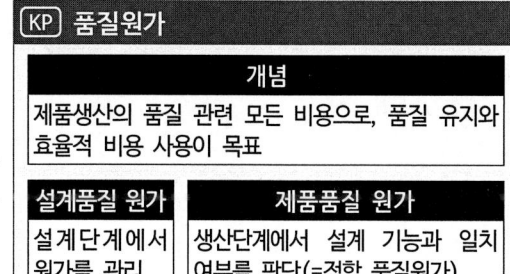

[08] 품질원가를 관리하기 위한 접근 방법 4가지를 들고, 각각 설명하시오.

답안 1) 예방원가 관리 : 품질 문제가 발생하기 전에 예방하는 데 초점을 맞춘다.
2) 평가원가 관리 : 품질 기준을 충족하는지 확인하기 위한 검사비용 등을 관리한다.
3) 내부 실패원가 관리 : 시장 출시 전 나타난 품질 문제로 인한 비용을 관리한다.
4) 외부 실패원가 관리 : 시장 출시 후 나타난 품질 문제로 인한 비용을 관리한다.

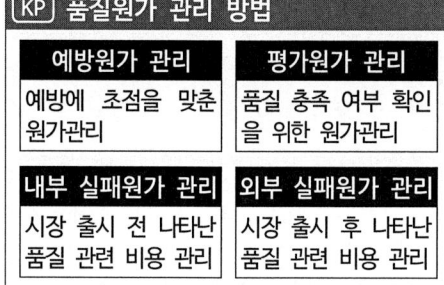

3. 재무성과 평가

[01] 재무 건전성을 확보하기 위한 재무분석의 개념을 적고, 재무분석의 종류 3가지를 쓰시오.

답안 1) 재무분석의 개념 : 재무제표에 나타난 특정 항목의 수치를 다른 항목의 수치로 나누어 계산하여 조직의 재무 상태 확인과 경영 성과를 분석한다.
2) 재무분석의 종류 : 유동성 비율, 레버리지 비율, 활동성 비율, 수익성 비율, 생산성 비율

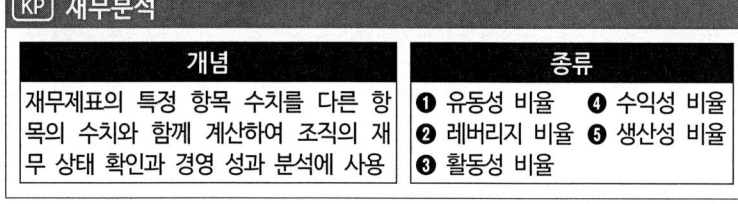

암기 재무분석 방법 : 〈재무분석 종류는 유레활수생〉이다. 유동성 · 레버리지 · 활동성 · 수익성 · 생산성

02 재무성과를 평가하는 비율분석 중 유동성 비율의 의미와 유동성 비율의 종류를 2가지 쓰시오.

답안 1) 유동성 비율은 단기적 채무 지급능력을 측정하는 비율로, 채권자가 상환을 요구할 때 갚을 수 있는 능력을 나타낸다.
2) 유동성 비율은 유동비율과 당좌비율로 나눈다.

경향 **유동성 비율** : 비율분석 문제는 유동성 비율에서 가장 많이 출제된다. 유동성 비율은 유동비율과 당좌비율 2가지이다. 아래 유동비율과 당좌비율 공식은 꼭 암기해야 한다.
1) 유동비율=유동자산/유동부채×100
2) 당좌비율=(유동자산-재고자산)/유동부채× 100이다.

암기 **유동비율 암기 방법** : 유동비율 공식은 유동자산과 유동부채가 분모와 분자가 헷갈리기 쉽다. 아래와 같이 암기하면 편리하다. 〈탤런트 유동근이 아들을 무등 태워 지나간다.〉 즉 부가 분모이고, 자가 분자이다.

KP 유동성 비율

개념
조직의 단기적 채무 지급능력을 측정하는 비율로, 채권자가 상환을 요구할 때 갚을 수 있는 능력
구분과 계산 공식
❶ 유동비율 : 유동비율=유동자산/유동부채×100 ❷ 당좌비율 : 당좌비율=(유동자산-재고자산)/유동부채×100

03 아래의 보기를 읽고, 다음 문제를 설명하시오.

> 비율분석은 재무제표에 나타난 특정 항목의 수치를 다른 항목의 수치로 나누어 계산하여 조직의 재무상태와 경영 성과를 분석하는 데 사용한다. 종류는 유동성 비율, 레버리지 비율, 활동성 비율, 수익성 비율, 생산성 비율이 있는데, 유동성 비율은 단기적 채무 지급능력을 측정하기 위한 비율로, 종류는 (ㄱ), (ㄴ)이 있으며, 공식은 (ㄷ), (ㄹ)다. 레버리지 비율은 안정성 비율로, 타인자본에 의존하고 있는가를 나타내는 비율로, 종류는 (ㅁ), (ㅂ)이 있다. 활동성 비율의 개념은 (ㅅ)이다.

1) 유동성 비율의 종류 2) 유동성 비율의 공식
3) 레버리지 비율의 종류 4) 활동성 비율의 개념

답안 1) 유동성 비율의 종류 : 유동비율과 당좌비율
2) 유동성 비율의 공식
① 유동비율 = 유동자산/유동부채×100
② 당좌비율 = (유동자산-재고자산)/유동부채×100
3) 레버리지 비율의 종류 : 부채비율과 이자보상비율
4) 활동성 비율의 개념 : 기업이 자산을 얼마나 효율적으로 운영하고 있는가를 나타내는 비율

용어 **leverage** : 본래는 지렛대를 의미하는 단어이다. 여기서는 타인자본의 의존 정도를 말한다.

KP 레버리지 비율과 활동성 비율

레버리지 비율
❶ 개념 : 타인자본 의존 정도를 나타내는 비율 ❷ 구분 : 부채비율과 이자보상비율
레버리지 비율계산 공식
❶ 부채비율 = 타인자본/자기자본×100 ❷ 이자보상비율 = (이자와 납세전 이익)/이자×100
활동성 비율
❶ 개념 : 자산의 효율적 운영을 나타내는 비율 ❷ 구분 : 재고자산회전율, 매출채권회전율, 고정자산회전율, 총자산 회전율

04 유동비율, 당좌비율, 부채비율의 공식을 쓰시오.

답안 1) 유동비율 = 유동자산/유동부채×100
2) 당좌비율 = (유동자산-재고자산)/유동부채×100
3) 부채비율 = 타인자본/자기자본×100

[05] 아래의 ( ) 속에 적합한 용어를 쓰시오.

> 1) 유동비율(%) = (A) × 100
> 2) (B)은(는) 조직의 전체자본 중 어느 정도가 타인자본에 의존하고 있는가를 나타낸다.
> 3) 레버리지 비율은 (C) 등으로 구분한다.
> 4) 조직의 활동성을 나타내는 활동성 비율은 (D) 등이다.

[답안] A) 유동자산/유동부채, B) 레버리지 비율, C) 부채비율과 이자보상비율
D) 재고자산회전율, 매출채권회전율, 고정자산회전율, 총자산 회전율 등이다.

[06] 총자본순이익률(ROI) 계산 공식을 적고, 아래 재무구조를 가진 스포츠 센터의 총자본순이익률을 계산하시오.

- 총자본 45억원 - 타인자본 12억원 - 영업이익 9억원
- 경상이익 4억원 - 당기순이익 2억원

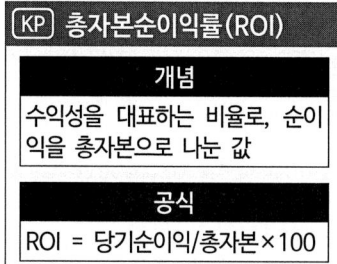

[답안] 총자본순이익률 계산 공식 : 당기순이익/총자본×100이다.
2) 계산하면 2억원/45억원×100=4.4%이다.
[용어] ROI : return on investment, 총자본순이익률, ROE : return on equity, 자기자본순이익률

[07] 스포츠용품 업체인 A 사는 당좌자산 100만원, 재고자산 80만원, 기타 유동자산 30만원과 유동부채 70만원이 있다. A 사의 유동비율(%)을 구하시오.(반드시 계산과정 기재)

[답안] (100만원+80만원+30만원)/70만원×100이므로 300%이다.
[보충] **유동비율 공식** : 유동비율의 공식은 유동자산/유동부채×100이다. 한편 자산은 고정자산과 유동자산으로 나누는데 유동자산은 당좌자산, 재고자산, 기타 유동자산을 말한다.

[08] 스포츠용품 업체인 A 사는 당좌자산 100만원, 재고자산 80만원, 기타 유동자산 30만원과 유동부채 70만원이 있다. A 사의 당좌비율(%)을 구하시오.(반드시 계산과정 기재)

[답안] (100만원+80만원+30만원-80만원)/70만원×100이므로 185.7%이다.
[보충] **당좌비율 공식** : 당좌비율의 공식은 (유동자산-재고자산)/유동부채×100이다.

[09] A 스포츠센터의 총자산은 10억원이며, 이중 유동자산이 5억원이고, 고정자산이 5억원이다. 매출 합계가 15억원일 때 총자산 회전율을 공식과 함께 구하시오.

[답안] 총자산 회전율은 매출액/총자산이다. ∴ 15억원/10억원=1.5(회)
[용어] **총자산 회전율** : 활동성 비율의 하나인 총자산 회전율은 매출액을 총자산으로 나눈다. 이 비율은 조직이 총자산의 효율적 이용을 나타내며, 일반적으로 총자산 회전율이 1 이상이면 정상이고, 그보다 낮으면 낮을수록 총자산 회전율이 나쁜 상태이다.

10 재무분석 방법 중 활동성 비율과 생산성 비율, 수익성 비율의 개념을 각각 쓰시오.

답안 1) 활동성 비율 : 자산의 효율적 운영상태를 나타내는 비율
2) 생산성 비율 : 투입 생산 요소에 대한 산출량의 비율
3) 수익성 비율 : 투자 자본 대비 이익 달성도를 나타내는 비율

보충 비율분석 정리

구분	개념	종류
유동성 비율	유동자산을 유동부채로 나눈 비율로서 단기간 내(1년 이내) 현금화 자산과 1년 이내에 상환해야 할 부채를 비교	유동비율, 당좌비율
레버리지 비율	안정성 비율이라고 불리는데, 전체자본 중 타인자본 의존을 나타낸다.	부채비율, 이자보상비율
활동성 비율	자산의 효율적 운영상태를 나타내는 비율로, 매출액에 대한 중요 자산의 회전율로 계산한다.	재고자산회전율, 매출자산회전율, 고정자산회전율, 총자산 회전율
수익성 비율	투자 자본 대비 이익 달성도를 나타낸다.	총자본순수익률(ROI), 매출액 순이익률, 자기자본순이익률(ROE)
생산성 비율	투입 생산요소에 대한 산출량의 비율로, 경영의 효율성 또는 합리적인 성과 배분 분석에 이용한다.	노동 생산성, 자본 생산성

4. 손익분기점 분석

01 손익분기점(BEP)의 개념과 손익분기점을 분석하는 목적을 설명하시오.

답안 1) 손익분기점의 개념은 수익과 비용이 일치하여 이익도 손해도 발생하지 않는 분기점을 말하며
2) 손익분기점 분석의 목적은 매출액과 영업비용의 관계를 고려하여 매출액이 얼마만큼 되어야 영업비용을 제외하고, 이익이 발생하는가를 파악하기 위함이다.

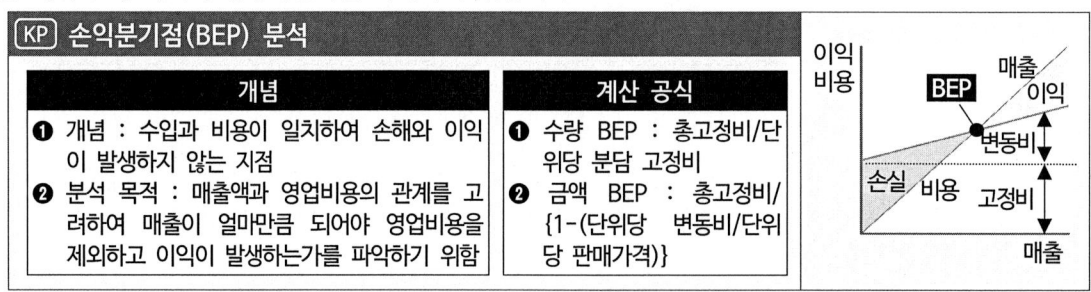

KP 손익분기점(BEP) 분석

개념	계산 공식
❶ 개념 : 수입과 비용이 일치하여 손해와 이익이 발생하지 않는 지점 ❷ 분석 목적 : 매출액과 영업비용의 관계를 고려하여 매출이 얼마만큼 되어야 영업비용을 제외하고 이익이 발생하는가를 파악하기 위함	❶ 수량 BEP : 총고정비/단위당 분담 고정비 ❷ 금액 BEP : 총고정비/{1-(단위당 변동비/단위당 판매가격)}

용어 BEP : break even point의 약어

02 A 스포츠용품회사에서는 X 제품을 생산, 판매하고 있다. X 제품 한 개의 판매가격은 500원이고, 단위당 변동 영업비는 250원이다. 고정 영업비용이 100만원이라면 손익분기점에 해당되는 매출액은 얼마인가? 단 주어진 조건 외에는 고려하지 않고, 계산과정을 포함해야 한다.

답안 손익분기점 계산 공식인 '(개당 판매가-개당 변동비)×판매 수량=고정비'를 적용하면 (500원-250원)×판매 수량=100만원 ∴ 판매 수량은 4,000개이고, 손익분기점=고정비(100만원)+변동비(250원×4,000개)=200만원이다.

03 스포츠용품 A 제품의 단위 당 단가가 2,000원이고 단위당 변동비용이 1,000원이며 고정비용이 5천만원이라고 했을 때 A 제품을 판매하여 손익분기점에 도달하기 위한 최소 판매량을 계산하시오.

답안 50,000,000원+1,000원×X=2,000원×X, 50,000,000=2,000X−1,000X ∴ X=50,000 즉 5만개가 손익분기점이다.

04 스포츠 이벤트 주최 측이 입장 수입의 20%를 사용료를 내기로 하고 입장권 가격은 1만원으로 정했다. 경기개최에 드는 고정비는 참가선수 초청비 6,000만원, 프로그램 제작비 2,000만원이 소요되었다. 스포츠 이벤트 주최 측이 손익분기점에 도달하기 위한 최소 유료 관중 수를 계산하시오. 단 주어진 조건 외에는 고려하지 않고, 문제의 풀이 과정도 반드시 기재해야 한다.

답안 (6,000만원+2,000만원)={1만원×(100−20)%}×X명, 계산하면 0.8X=8,000
∴ X=10,000 즉 1만 명이 입장하면 손익분기점이다.
참고 주최 측이 입장 수입의 20%를 사용료로 내기 때문에 실제 수입은 80%로 계산해야 한다.

05 손익분기점(BEP) 분석에서 적용하고 있는 가정 4가지를 쓰시오.

답안 1) 상품 판매량이 일정하다는 가정
2) 생산 소요 비용이 고정비와 변동비로 구성되어 있다는 가정
3) 판매 단위당 변동비가 일정하다는 가정
4) 고정비는 생산량과 관계없이 최대 생산 능력까지 일정하다는 가정
5) 생산량과 판매량이 항상 같다는 가정
6) 생산 효율성은 항상 일정하다는 가정

KP 손익분기점 분석의 가정
❶ 판매량이 일정
❷ 생산비용은 고정비와 변동비로 구성
❸ 단위당 판매 변동비가 일정
❹ 고정비는 변동하지 않는다.
❺ 생산량과 판매량이 같다.
❻ 생산 효율성이 항상 같다.

보충 손익분기점 분석 : 손익분기점 분석은 위 kp의 6가지 가정을 전제로 하는 것으로, 이러한 가정을 통해 손익분기점 분석의 한계를 보완하고 있다.

5. 자본 조달

01 스포츠 조직의 자본 조달 방법 중 직접금융의 개념을 쓰고, 그 예 6가지를 적으시오.

답안 1) 직접금융의 개념 : 자금을 투자하고자 하는 투자자로부터 직접 조달하는 방법
2) 예 : 주식발행, 채권발행, 회원권 판매, 스폰서십, 민자 유치, 기금 지원

KP 자본 조달 방법

직접금융		간접금융	
개념	방법	개념	방법
자금을 투자자로부터 직접 조달	❶ 주식발행 ❷ 채권발행 ❸ 회원권 판매 ❹ 스폰서십 ❺ 민자 유치 ❻ 기금 지원	금융기관 등을 통해 간접 조달	❶ 은행차입 ❷ 기업어음 ❸ 매입채무

경향 자본 조달 방법 출제 경향 : '스포츠 조직의 직·간접 금융을 통한 외부 자본조달 방법을 각각 3가지 쓰시오.'라는 유형으로 출제되기도 했다. 자주 출제되는 출제 다빈도 부분이므로 꼭 기억해야 한다.

02 스포츠 조직의 자본 조달 방법 가운데 간접금융의 개념을 쓰고, 그 예 3가지를 적으시오.

답안 1) 간접금융의 개념 : 은행 등 금융기관을 통해 간접적으로 조달하는 방법
2) 예 : 은행차입, 기업어음, 매입채무

03 자금의 조달 방법 중 내부 조달 방법의 개념을 쓰고 사례 2가지를 쓰시오.

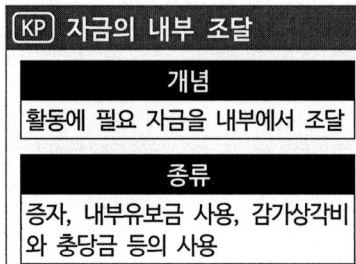

KP 자금의 내부 조달

개념
활동에 필요 자금을 내부에서 조달

종류
증자, 내부유보금 사용, 감가상각비와 충당금 등의 사용

답안 1) 내부 조달의 개념 : 활동에 필요한 자금을 내부에서 조달한다.
2) 내부 조달의 사례 : 증자, 내부유보금 사용, 감가상각비 또는 충당금 등의 사용

6. 투자 결정

01 스포츠 조직의 투자 결정기법 종류를 3가지를 쓰시오.

답안 1) 자본회수기간법 2) 회계적 이익률법 3) 순현재가치법 4) 수익성 지수법

KP 투자 결정기법

확실성 하의 투자 결정기법		불확실성 하의 투자 결정기법
화폐의 시간적 가치 고려	화폐의 시간적 가치 미고려	
❶ 순현재가치법 ❷ 수익성 지수법 ❸ 내부수익률법	❶ 자본회수기간법 ❷ 회계적 이익률법	❶ 위험조정할인율법 ❷ 확실성 등가법

02 스포츠 조직이 자본 조달과 투자 결정을 위해서는 현금의 흐름이 중요한 역할을 한다. 현금 흐름의 개념과 현금 흐름을 추정할 때의 기본원칙 4가지를 쓰시오.

답안 1) 현금 흐름의 개념 : 순수입과 실제 지급하지 않은 외상 등을 제외하고, 실제 현금이 들어오거나, 나갈 내용을 계산한다.
2) 현금 흐름의 추정 원칙
① 현금 흐름의 대상은 영업수익에서 영업비용을 빼고 적용한다.
② 감가상각비는 현금 지출이 아니다.
③ 법인세 납부 이후의 현금 흐름을 적용한다.
④ 증분 현금 흐름을 기준으로 한다.

KP 현금 흐름

개념
순수입과 실제 지급하지 않은 외상 등을 제외하고, 실제 현금이 들어오거나, 나갈 내용을 계산하는 방법

현금 흐름 추정의 원칙
❶ 현금 흐름은 영업수익에서 영업비용을 빼고 적용 ❷ 감가상각비는 현금 지출이 아니다. ❸ 법인세 납부 이후의 현금 흐름 적용 ❹ 증분 현금 흐름 기준

03 조직이 조달한 자본을 최종 투자하기 위한 투자 결정기법의 개념을 설명하고, 이상적인 투자 결정기법의 4가지 조건을 쓰시오.

> **KP 이상적 투자 결정기법**
>
> **개념**
> 투자 결정 과정에서 투자 여부를 결정할 때 타당성을 검토하기 위해 적용하는 기법
>
> **조건**
> ❶ 현금 흐름 고려
> ❷ 화폐의 시간적 가치 반영
> ❸ 복합투자안은 결합 후 평가
> ❹ 조직 가치 극대화 투자안 선택

답안 1) 투자 결정기법의 개념 : 투자 결정 과정에서 투자 여부를 결정할 때 타당성을 검토하기 위해 적용하는 기법이다.
2) 이상적인 투자안 결정기법의 조건
① 현금 흐름을 고려해야 하고
② 화폐의 시간적 가치를 반영해야 하며
③ 복합적 투자안의 경우 결합하여 평가해야 하고
④ 조직 가치 극대화를 위한 투자안을 선택해야 한다.

04 순현재가치법의 개념을 설명하고, 순현재가치법의 투자 결정 기준을 설명하시오.

> **KP 순현재가치법(NPV, net present value)**
>
> **개념**
> 투자로 인해 발생하는 미래의 현금 유입액을 적절한 자본비용으로 할인한 현재가치에서 현재 투자로 인한 현금유출을 공제한 금액으로 투자안을 측정하는 방법
>
> **투자 결정 기준**
> ❶ 순현재가치가 0보다 크면 투자안 채택
> ❷ 여러 개의 투자안을 갖고 순현재가치를 계산하면 가장 큰 투자안 채택

답안 1) 순현재가치법이란 투자로 인해 발생하는 미래의 현금 유입액을 적절한 자본비용으로 할인한 현재가치에서 현재 투자로 인한 현금유출을 공제한 금액으로 투자안을 결정하는 방법이다.
2) 투자 결정 기준은 순현재가치가 0보다 크면 가치가 증가하는 것을 의미하므로, 그 투자안을 채택하는 것이다. 만약 여러 개의 투자안을 갖고 순현재가치를 계산했을 경우 가장 큰 투자안을 채택하면 된다.

05 순현재가치법이 다른 방법보다 합리적이라고 판단할 수 있는 이유 4가지를 쓰시오.

> **KP 순현가법이 합리적인 이유**
>
> ❶ 화폐의 시간적 가치 고려
> ❷ 투자로 예상되는 미래의 현금흐름과 자본 기회비용으로 투자안 평가
> ❸ 현금 흐름에 초점을 맞추므로 투자안 가치평가에서 회계상 임의성 배제 가능

답안 1) 화폐의 시간적 가치를 고려한다.
2) 투자로 인해 예상되는 미래의 현금흐름과 자본의 기회비용에 의해 투자안을 평가한다.
3) 회계적 이익보다 발생하는 현금에 초점을 맞추므로 투자안의 가치평가에서 회계상의 임의성을 배제할 수 있다.
4) 기업가치 극대화라는 기업목표와 부합한다.
5) 가치 가산성의 원리를 적용한다.

06 스포츠 조직의 입장에서 투자안의 경제성을 평가하는 방법 중 순현재가치법과 내부수익률법의 의미를 기술하시오.

> **KP 내부수익률법**
> 투자로 인해 발생하는 현금 유입의 현재가치와 현금유출의 현재가치를 일치시키는 할인율을 계산하여 이를 시장수익률과 비교해서 투자 여부를 결정하는 방법

답안 1) 순현재가치법 : 투자로 인해 발생할 미래의 현금유입액을 적절한 자본비용으로 할인한 현재가치에서 현재 투자로 인한 현금유출을 공제한 금액으로 투자안을 측정하는 방법이다.
2) 내부수익률법 : 투자로 인해 발생하는 현금 유입의 현재가치와 현금유출의 현재가치를 일치시키는 할인율을 계산하여 이를 시장수익률과 비교해서 투자 여부를 결정하는 방법

07 순현가법(NPV)와 내부수익률법(IRR)의 설명에 대해 옳은 것은 O표, 잘못 설명된 것은 X표를 하시오.

> 1) 순현재가치(NPV)법에서 투자안의 NPV가 0보다 크면 투자안을 채택한다. (   )
> 2) 내부수익률(IRR)법에서 투자안의 IRR이 자본비용보다 작으면 투자안을 채택한다. (   )
> 3) 순현가는 미래에 발생할 수입의 현재가치에서 비용의 현재가치를 차감한 금액이다. (   )
> 4) 순현가법에서 타당성이 있더라도 내부수익률법에서는 타당성이 부족할 수도 있다. (   )
> 5) 순현가법과 내부수익률법의 투자 판단 기준을 위한 할인율은 각각 요구수익률을 사용한다. (   )

답안 1) O, 2) X, 3) O, 4) O, 5) X

08 스포츠 조직의 입장에서 투자안의 경제성을 평가하는 방법 중 수익성 지수법의 의미와 계산 공식을 쓰시오.

답안 1) 수익성 지수법이란 순현재가치법이 절대 금액으로 투자안을 결정한 데 비해 수익성 지수법은 투자비 1에 대한 현금 유입을 계산하는 방법을 말한다.
2) 수익성 지수법 공식은 현금 유입의 현재가치/현금유출의 현재가치=투자안의 NPV/현금유출의 현재가치이다.

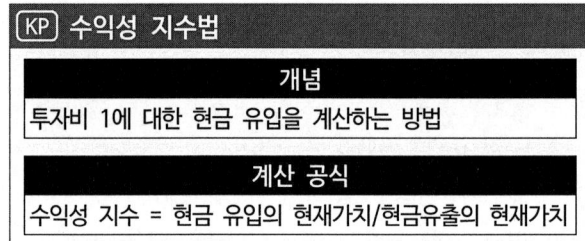

KP 수익성 지수법
개념
투자비 1에 대한 현금 유입을 계산하는 방법
계산 공식
수익성 지수 = 현금 유입의 현재가치/현금유출의 현재가치

09 자본회수기간법의 개념과 장단점을 각각 2가지를 쓰시오.

답안 1) 자본회수기간법은 최초 투자액을 회수하는 소요 기간을 계산하여 결정하는 방법이다. 자본회수기간이 짧으면 투자 비용을 빨리 회수한다는 의미이다.
2) 자본회수기간법의 장점은 평가 방법이 간단하며 이해하기 쉽고, 회수 기간 계산이 비교적 간단하다.
3) 단점은 회수 기간 이후 현금흐름을 고려하지 않는 것이며, 독립 투자안의 회수 기간을 주관적으로 결정하므로, 객관적 기준 설정이 어렵다.

경향 **자본회수기간법 출제 경향** : '자본회수기간법의 단점 4가지를 쓰시오.'라는 유형으로 출제되기도 했다.

KP 자본회수기간법	
개념	장점
최초 투자액을 회수하는 소요 기간을 계산하여 결정하는 방법	❶ 평가 방법이 간단하며 이해하기 쉽다. ❷ 회수 기간 계산이 비교적 쉽다.
단점	
❶ 회수 기간 이후의 현금흐름 미고려 ❷ 회수 기간 중 화폐의 시간적 가치 미적용 ❸ 회수 기간의 객관적 기준 설정이 어렵다. ❹ 가치 가산의 원칙을 적용할 수 없다.	

10 회계적 이익률법의 개념과 계산 공식을 쓰시오.

답안 1) 개념 : 미래 일어날 연평균 수익을 연평균 투자액으로 나누어 계산하여 조직이 미리 정한 회계적 이익률보다 높으면 투자를 결정하는 방법
2) 계산 공식 : 장부상 연평균 순이익/연평균 순투자액×100

KP 회계적 이익률법
개념
미래 일어날 연평균 수익을 연평균 투자액으로 나누어 계산하여 조직이 미리 정한 회계적 이익률보다 높으면 투자를 결정
계산 공식
회계적 이익률 : 장부상 연평균 순이익/연평균 순투자액×100

11 위험조정 할인율법과 확실성 등가법을 설명하시오.

답안 1) 위험조정 할인율법 : 불확실한 현금흐름을 고려하여 할인율을 높게 책정하여 계산하는 방법이다. 현금흐름이 확실할 경우 현금흐름의 가치를 무위험이자율을 이용하지만, 위험이 있으면 투자로부터 예상되는 현금흐름에 조정 확인율을 위험에 따라 적용한다.
2) 확실성 등가법은 불확실한 미래의 현금흐름을 확실성에 따를 정도로 조정한 후 무위험이자율을 할인율로 적용한다.

KP 위험조정 할인율법과 확실성 등가법
위험조정 할인율법
불확실한 현금흐름을 고려하여 할인율을 높게 책정하여 계산하는 방법
확실성 등가법
불확실한 미래의 현금흐름을 확실성에 따를 정도로 조정한 후 무위험이자율을 할인율을 적용하는 방법

제4장 스포츠 이벤트와 생산관리

1. 스포츠 이벤트

01 스포츠 이벤트는 주체자에 따라 개최 목적이 다르다. 주체자를 기업, 경기단체, 스포츠구단, 지방자치단체로 나누어 각각 주된 목적을 2가지씩 쓰시오.

[답안] 1) 기업 : 기업 또는 브랜드 이미지 강화, 고객과의 커뮤니케이션, 매출 극대화
2) 경기단체 : 스포츠 종목의 발전, 수익 창출
3) 스포츠구단 : 팬 서비스, 고정고객 확보, 팀 인지도 상승, 수입 극대화
4) 지방자치단체 : 주민의 욕구 충족, 지역 경제 활성화, 스포츠를 통한 교류 확대

[KP] 스포츠 이벤트의 조직별 개최 목적

기업	경기단체
브랜드 이미지 강화, 고객 커뮤니케이션, 매출 극대화	스포츠 종목의 발전과 보급, 수익 창출

스포츠구단	지방자치단체
팬 서비스, 고정고객 확보, 팀 인지도 상승, 수입 극대화	주민 욕구 충족, 지역 경제 활성화, 스포츠를 통한 교류 확대

02 스포츠 이벤트를 개최 형태에 따라 3가지로 분류하고, 각각을 설명하시오.

[답안] 1) 관전형 스포츠 이벤트 : 화제 또는 볼거리 제공을 목적으로, 유명선수 또는 스포츠팀의 경기 등을 관전토록 하는 이벤트
2) 참여형 스포츠 이벤트 : 참가자 건강증진과 공동체 의식의 강화 등을 목적으로, 스포츠를 직접 체험하는 이벤트
3) 강습형 스포츠 이벤트 : 특정 종목의 기술을 배우기 위해 시행되는 이벤트

[KP] 이벤트의 개최 형태에 따른 분류

관전형	강습형
볼거리 제공 목적으로, 유명선수·팀의 경기 관전	특정 종목의 기술을 배우기 위해 참여

참여형	
건강증진 또는 공동체 의식 강화 등을 목적으로, 스포츠 직접 체험	

[암기] 스포츠 이벤트 분류 : 〈스포츠 이벤트는 관참강〉이다. 관전형, 참여형, 강습형

03 지역사회에서 대형 스포츠 이벤트 개최의 순기능적 역할을 3가지 쓰시오.

[답안] 1) 산업 발전에 기여
2) 주민소득 증대에 기여
3) 사회기반시설 정비
4) 환경 개선
5) 고용 창출에 기여한다.

[KP] 스포츠 이벤트 개최의 순기능
❶ 산업 발전 ❹ 환경 개선
❷ 주민소득 증대 ❺ 고용 창출
❸ 사회기반시설 정비

[용어] 순기능과 역기능 : 순기능이란 성과 또는 결과가 좋은 방향으로 작용하는 기능이며, 역기능은 본래 목적과는 반대 방향으로 작용하는 현상을 말한다.

04 지방자치단체가 스포츠 이벤트를 유치했을 때 얻을 수 있는 이점 4가지를 쓰시오.

답안 주민소득 증대, 주민 자긍심 고취, 고용 창출, 문화 수준의 향상, 도시기반시설 확충

KP 지방자치단체의 이벤트 유치 이점	
❶ 주민소득 증대	❹ 주민 자긍심 고취
❷ 고용 창출	❺ 도시기반시설 확충
❸ 문화 수준 향상	

05 스포츠 이벤트의 경제적 효과를 측정하는 방식의 하나인 승수 분석의 3가지 유형을 제시하고 이를 설명하시오.

답안 1) 생산 유발 승수 : 이벤트 개최로 인해 발생하는 생산량 또는 금액을 비교하는 방법
2) 소득 유발 승수 : 이벤트 개최로 인해 발생하는 주민 또는 국민소득을 비교하는 방법
3) 고용 유발 승수 : 이벤트 개최로 인한 고용효과를 비교하는 방법

KP 승수 분석		
생산 유발 승수	소득 유발 승수	고용 유발 승수
이벤트 개최로 인해 발생하는 생산량 또는 금액을 비교하는 방법	이벤트 개최로 인해 발생하는 주민소득을 비교하는 방법	이벤트 개최로 인한 고용효과를 비교하는 방법

2. 생산관리

01 생산관리가 추구하는 목표 3가지와 생산관리에서 사용되는 3S의 개념과 요소 3가지를 쓰시오.

답안 1) 생산관리의 목표 : 원가절감, 품질향상, 납기 준수
2) 3S의 개념 : 효율적 생산관리를 위한 원칙
3) 3S의 요소 : 표준화(standardization), 전문화(specialization), 단순화(simplification)

KP 생산관리	
목표	
❶ 원가절감 ❷ 품질향상 ❸ 납기 준수	
3S	
개념	효율적 생산관리를 위한 적용 기법
요소	❶ 표준화 ❸ 단순화 ❷ 전문화

02 다음은 제조기업과 스포츠 경기업의 생산과정에 대한 비교이다. ( ) 속의 적정한 용어를 쓰시오.

	노동	자본재	생산 주체	생산 동기
제조 시스템	근로자	원료, 자재	제조회사	이윤 극대화
서비스 시스템	(A)	경기, 경기장	(B)	(C)

답안 (A) 선수, 심판 (B) 구단, 연맹 (C) 이윤 극대화

03 다음은 전통적 기업과 벤처기업에 대한 비교이다. ( ) 속의 적정한 용어를 쓰시오.

	생산 시스템	생산 중심	생산 원리	생산방식
전통적 기업	분업시스템	사람, 자본 중심	효율성과 생산성	소품종 대량생산
벤처기업	네트워크 시스템	(A)	(B)	(C)

답안 (A) 지식 중심, (B) 유연성과 창의성, (C) 다품종 소량 생산

04 경기장 등을 건설할 때 사용하는 기법인 PERT/CPM을 설명하시오.

답안 프로젝트 관리 기술의 한 분야로, 주로 건설공정에서 사용하는 공정관리기법이다. 공정의 전후 관계가 표시되며, 이에 따른 자재 수급 계획, 인력계획 등을 포함한다.

KP PERT/CPM
프로젝트 관리 기술의 한 분야로, 건설공정에서 사용하는 공정관리기법

참고 PERT/CPM의 개념

구분	내용
PERT program evaluation & review technique	네트워크를 이용 프로젝트를 효과적으로 수행할 수 있도록 시간 측면에서 과학적으로 계획하고 관리 통제하는 기법
CPM critical path method	미국 듀퐁사가 공장 건설에 드는 시간과 비용의 효율성을 향상시킬 목적으로 개발되었다.

05 피시본(fish bone) 다이어그램의 개념과 특성을 설명하시오.

답안 피시본 다이어그램은 물고기 뼈 형태의 그림으로 만들어져 있으며, 인과 관계를 파악하는 데 활용할 수 있다.

KP 피시본 다이어그램

06 아래 내용은 제품이나 서비스 설계와 관련된 내용이다. (A)의 ( ) 속에 적합한 용어를 (B)에서 골라 쓰시오.

(A)	1) ( )은(는) 원가를 올리지 않으면서 제품의 유용성을 향상하거나 제품의 유용성을 감소하지 않으면서 원가를 절감하는 방법이다. 2) ( )은(는) 제품의 다양성은 높이면서도 동시에 제품생산에 사용되는 구성품의 다양성은 낮추는 설계 방법이다. 3) ( )은(는) 생산과 서비스가 쉽고, 성과를 중시하는 설계로, 3S를 적용한다. 4) ( )은(는) 마케팅, 생산, 엔지니어링 등 신제품 관련 부서와 경우에 따라 외부 공급자까지 참여시켜 제품을 설계하는 방법이다.
(B)	가) 가치분석, 나) 모듈러 설계, 다) 동시 공학, 라) 제조 용이성 설계

답안 1) 가치분석 2) 모듈러 설계 3) 제조 용이성 설계 4) 동시 공학

참고 생산과 서비스의 설계 방법

구분	내용
가치분석 (VA, value analysis)	원가를 유지하면서 유용성을 높이거나, 유용성을 유지하면서 원가를 줄이는 설계(=가치공학)
모듈화 설계	여러 제품이나 서비스에 함께 활용할 수 있도록 표준화된 설계
제조 용이성 설계	생산과 서비스가 쉽도록 하고, 성과를 중시하는 설계
동시 공학 (concurrent engineering)	여러 부서가 제품 설계에 함께 참여하는 설계 또는 생산 방법을 적용하는 기법
로버스트(robust) 설계	생산 공정이나 서비스가 계획대로 수행되도록 배려하고, 생산과 서비스의 애로 원인을 찾아 대책을 마련하는 설계

용어 모듈(module) : 기계·건물 등을 구성하는 규격화된 부품 또는 소규모 구성품을 의미한다.
용어 로버스트(robust) : '원기 왕성', '강력', '튼튼하다' 등을 나타내는 용어이다.

07 서비스의 품질관리에서 사용하는 서브퀄 척도의 개념을 적고 5가지 요인을 쓰시오.

답안 1) 서브퀄 척도의 개념 : 서비스의 무형성으로 인해 품질에 대한 평가가 쉽지 않다. 서비스 품질을 평가하는 방법으로, 파라슈라만(Parasuraman) 등이 개발한 서브퀄 척도를 활용하고 있다.
2) 측정 요소 : 신뢰성, 응답성, 공감성, 확신성, 유형성 등이다.

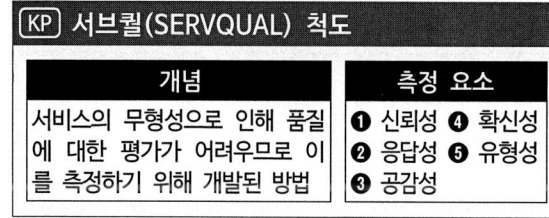

용어 **서브퀄(SERVQUAL)** : service quality measures의 약어
암기 **서브퀄 척도** : 〈서브퀄은 신응공확유〉이다. 신뢰성, 응답성, 공감성, 확신성, 유형성
참고 서브퀄 척도의 요소별 설명

구분	내용
신뢰성	약속된 서비스를 믿을 수 있고 정확하게 수행할 수 있는 능력으로, 시간, 제공 정보의 정확도 등
응답성	고객에게 서비스를 제공하려는 의지
공감성	고객을 개별화시켜 이해하려는 노력으로, 접근 용이성과 커뮤니케이션 등
확신성	종업원의 지식 및 태도, 신뢰와 안정성을 유발시키는 능력
유형성	물적 요소의 외형, 시설, 장비, 종업원, 사용되는 커뮤니케이션 자료 등의 형태

3. 경영정보시스템

01 경영정보시스템(MIS, management information system)의 개념을 설명하시오.

답안 경영정보시스템이란 경영의 의사결정 유효성을 높이기 위해 관련 정보를 수집·전달·처리·저장·이용할 목적으로 컴퓨터를 활용하는 시스템을 말한다.

02 전사적 자원관리를 목적으로 사용하고 있는 ERP의 개념과 역할을 설명하시오.

답안 1) ERP는 전사적 자원관리를 목적으로 한 조직 통합 정보시스템이다.
2) 판매, 인사, 재무, 생산 등 부분별로 관리하던 정보를 통합하여 관리하는 역할을 한다.

KP ERP(enterprise resources planning)

개념	역할
전사적 자원관리를 목적으로 한 조직의 통합 정보시스템	판매, 인사, 재무, 생산 등 부분별 관리하던 정보를 통합하여 관리하는 역할

03 조직 시민 행동(OCB)을 설명하시오.

답안 본인의 직무 범위를 벗어나 조직을 위해 자발적으로 과업을 수행하여 조직성과에 이바지하는 행동을 일컫는다.
용어 **OCB** : organizational citizenship behavior의 약어로, 조직 시민 행동을 말한다.

KP 조직 시민 행동
본인의 직무 범위를 벗어나 조직을 위해 자발적 과업을 수행하여 조직성과에 이바지하는 행동

[04] 최근 기업에서는 ESG 경영이 화두로 대두하고 있다. ESG 경영의 개념과 요소 3가지를 쓰시오.

[답안] 1) ESG 경영은 투자를 결정할 때 사회적 책임과 지속 가능 투자의 관점에서 재무적 요소와 검토하는 경영 시스템을 말한다.
2) ESG의 요소는 환경(environment), 사회(social) 지배구조(governance)이다.

[암기] ESG : 〈ESG는 환사지〉이다. 환경, 사회, 지배구조

KP ESG 경영
개념
투자를 결정할 때 사회적 책임과 지속 가능 투자의 관점에서 재무적 요소와 검토하는 경영 시스템
요소
❶ 환경(environment) ❷ 사회(social) ❸ 지배구조(governance)

제2과목 스포츠마케팅

세부목차

제1장 스포츠마케팅 … 52
  1. 스포츠마케팅 … 52
  2. 시장과 상품 … 53

제2장 스포츠마케팅 조사 … 55
  1. 스포츠마케팅 조사 … 55

제3장 마케팅믹스와 전략 … 56
  1. 마케팅 프로세스(STP) … 56
  2. 마케팅믹스(4P) … 59
  3. 마케팅전략 … 73

제4장 스포츠 스폰서십 … 76
  1. 스포츠 스폰서십 … 76
  2. 앰부시 마케팅 … 78
  3. 스포츠 조직의 스폰서십 … 79

제5장 브랜드와 라이선싱, 매체 관리 … 80
  1. 스포츠 브랜드 … 80
  2. 스포츠 라이선싱 … 82
  3. 스포츠 매체 관리 … 85

제1장 스포츠마케팅

1. 스포츠마케팅

01 스포츠의 마케팅과 스포츠를 이용한 마케팅을 구분하여 설명하시오.

[KP] 스포츠마케팅

스포츠의 마케팅
marketing of sports
❶ 스포츠 자체의 상품으로, 소비자와의 교환 활동
❷ 고객 만족을 통한 스포츠 조직의 이익 창출

스포츠를 통한 마케팅
marketing through sports
❶ 기업이 스포츠 권리자와 관계하여 상호이익 추구
❷ 스포츠를 통한 기업 커뮤니케이션 효과 상승

[답안] 1) 스포츠의 마케팅은 스포츠 관련 상품의 마케팅으로, 소비자는 일반 대중이며, 상품화된 스포츠 또는 이와 관련된 상품의 판매촉진을 목적으로 한다.
2) 스포츠를 이용한 마케팅은 기업이 커뮤니케이션의 하나로 스포츠를 활용하는 마케팅을 말한다.

02 스포츠를 이용한 마케팅을 직접 사업과 간접사업으로 구분하여 각각의 사례를 드시오.

[답안] 1) 직접 사업은 스폰서십, 라이선싱, 머천다이징, 방송중계권 등이다.
2) 간접사업은 광고나 제품판매를 위해 선수·팀·단체의 이미지를 이용하는 것이다.

[KP] 스포츠를 이용한 마케팅

직접 사업
스폰서십, 라이선싱, 머천다이징, 방송중계권

간접사업
광고, 판매 등에 선수·팀·단체의 이미지 활용

03 스포츠를 이용한 마케팅의 직접 사업 4가지를 구분하여 설명하시오.

[답안] 1) 스폰서십 : 기업이 스포츠와 관련하여 비용 혹은 상품을 권리자에게 제공하고, 반대급부로 광고 등에 이를 이용하거나 활용할 수 있는 권리
2) 라이선싱 : 다른 사람이 소유하고 있는 제조 또는 서비스에 대한 신기술, 노하우 또는 상표 등을 권리자의 허가를 받아 생산 판매하는 활동
3) 머천다이징 : 스포츠 경기, 조직, 팀, 선수의 캐릭터, 로고, 마크 등을 이용하여 새로운 상품을 개발하는 활동
4) 방송중계권 : 스포츠 운영조직에 일정액을 지불하고, 경기를 방송할 수 있는 권한을 위임받는 권리를 획득

[KP] 스포츠를 이용한 마케팅의 직접 사업

스폰서십	라이선싱
기업이 스포츠와 관련하여 비용·상품 등을 권리자에게 제공하고, 반대급부로 광고 등에 이용 권리 획득	타인 소유의 제조 또는 서비스에 대한 신기술, 노하우, 상표 등을 권리자의 허가를 받아 생산 판매하는 활동

머천다이징	TV 중계권
스포츠 경기, 선수, 팀, 단체의 캐릭터, 로고, 마크 등을 이용하여 새로운 상품 개발과 판매 활동	스포츠 운영조직에 일정액을 지불하고, 경기를 방송할 수 있는 권한을 위임받는 권리 획득

2. 시장과 상품

[01] 마케팅전략을 수립하기 위해서는 환경분석이 중요하며, 환경분석은 거시적 분석과 미시적 분석으로 나눌 수 있다. 각각의 개념을 설명하고, 분석에 사용하는 대표적 기법을 쓰시오.

[답안] 1) 거시적 분석은 금리, 추세 등의 사회적 환경과 현상을 분석하는 것으로, 주로 PESTEL 기법을 활용한다.
2) 미시적 분석은 조직이 당면한 환경, 고객, 촉진 등에 관한 단기적 분석으로, 고객(customer), 자사(company), 경쟁자(competitor) 등의 3C 분석을 사용한다.

[보충] PESTEL분석 : 학자에 따라 환경적, 법적 분석을 제외하고, PEST 분석이라고도 한다.

[KP] 환경분석

거시적 분석	미시적 분석
금리, 추세 등의 사회적 현상 분석, PESTEL 분석을 주로 사용	조직이 당면한 환경, 고객, 촉진 등에 관한 단기적 분석, 3C 분석을 주로 사용
↓	↓
PESTEL 분석	3C 분석
정치적(political), 경제적(economic), 사회적(social), 기술적(technological), 환경적(environmental), 법적(legal) 분석	고객(customer), 자사(company), 경쟁자(competitor) 분석

[02] 마케팅 현장에서 사용되는 <u>마케팅 마이오피아</u>에 대해 간략하게 설명하시오.

[답안] 마케팅 마이오피아란 미래를 예상하지 못하고, 바로 앞에 닥친 상황만 고려하여 소비자의 욕구를 정확하게 파악하지 못하는 것을 의미한다.

[용어] marketing myopia : 1975년 당시 레빗(Theodore Levitt) 하버드대 교수가 하버드 비즈니스 리뷰에 발표한 동명의 논문에서 제시한 개념이다. 마케팅 근시안이라고도 한다.

[KP] 마케팅 마이오피아
미래를 예상하지 못하고, 바로 앞에 닥친 상황만 고려하여 소비자 욕구를 파악하지 못하는 마케팅 근시안

[03] 스포츠마케팅대행사의 필요성과 수행 업무 4가지를 쓰시오.

[답안] 1) 스포츠마케팅대행사는 스포츠마케팅을 전문적으로 수행하기 위해 스포츠 조직과 소비자 연결 역할을 수행한다.
2) 스포츠마케팅대행사는 수행 업무는 스포츠대회 등과 관련된 이벤트 수행, TV 중계권에 대한 자문 및 계약 대행, 스포츠 단체의 마케팅 대행, 선수 관리 등이다.

[보충] 선수 관리 등 : 스포츠 에이전시의 역할로 보는 것이 타당하지만, 스포츠 에이전시와 스포츠마케팅대행사를 분리하는 경계가 명확하지 않은 상태에서 이를 스포츠마케팅대행사의 업무로도 볼 수 있다.

[KP] 스포츠마케팅대행사

필요성
스포츠마케팅의 필요성에 따라 전문적으로 수행하기 위해 스포츠 조직과 기업 혹은 소비자를 연결 역할의 수행

역할
❶ 스포츠대회 등 관련 이벤트 수행
❷ TV 중계권에 대한 계약 대행
❸ 스포츠 단체의 마케팅 대행
❹ 선수 관리
❺ 선수 선발 및 연봉협상

04 마케팅의 여러 이론과 관련된 내용이다. (A)의 ( ) 속에 적합한 용어를 (B)에서 골라 쓰시오.

(A)	1) ( )은(는) 줄어든 수요를 다시 증가시키기 위한 마케팅이다. 2) ( )은(는) 고객수요를 의도적으로 줄이는 마케팅으로, 정기적으로 고객과 건실한 관계를 유지하고 발전시켜 나가기 위해 시행한다. 3) ( )은(는) 공급과 실제 수요 크기를 조절하여 양자의 시간적 패턴을 일치시키는 마케팅이다. 4) ( )은(는) 수요가 없는 상황에서 자극적 방법을 사용하여 구매를 유도하는 마케팅이다. 5) ( )은(는) 한정된 물량만 공급하여 소비자의 구매 욕구를 자극하는 마케팅이다.
(B)	(가) 헝거 마케팅, (나) 디 마케팅, (다) 재마케팅, (라) 자극 마케팅, (마) 동시화 마케팅

[답안] 1) 재마케팅 2) 디 마케팅 3) 동시화 마케팅 4) 자극 마케팅 5) 헝거 마케팅

KP 마케팅의 여러 이론

구분	내용
재마케팅	줄어든 수요를 다시 증가시키기 위한 마케팅(=리마케팅)
디마케팅	고객수요를 의도적으로 줄이는 마케팅으로, 정기적으로 고객과 건실한 관계를 유지하고 발전시켜 나가기 위해 시행한다. 루비통이 자사 가방 구매 기간을 정해 놓고 이 기간이 지나지 않은 고객은 구매하지 못하도록 하는 제도를 시행하였다.
자극 마케팅	수요가 없는 상황에서 자극적 방법을 사용하여 구매를 유도하는 마케팅
헝거 마케팅	한정 물량만 공급하여 소비자의 구매 욕구를 자극하는 마케팅이다. 수요보다 공급을 적게 하여 상품 부족 상태를 만들어 상품 가치를 높이고 있다.
동시화 마케팅	공급과 실제 수요 크기를 조절하여 양쪽의 시간 패턴을 일치시키는 마케팅이다.(=싱크로 마케팅) 겨울에 아이스크림의 가격을 낮추어 계절에 무관하게 생산 일관성을 유지하도록 하는 것이 사례이다.

제2장 스포츠마케팅 조사

1. 스포츠마케팅 조사

01 1차 자료와 2차 자료의 개념을 설명하고 구체적 예를 1개씩 드시오.

답안 1) 1차 자료 : 조사를 위해 새로 수집해야 할 자료로, 사례는 자체 조사한 시장조사보고서이다.
2) 2차 자료 : 다른 목적으로 이미 조사된 자료로, 사례는 정부 발행 인구통계조사보고서이다.
암기 자료의 구분 : 〈1차는 새로 수집, 2차는 이미 조사된 자료〉이다.

KP 1차 자료와 2차 자료

1차 자료
조사를 위해 새로 수집해야 할 자료로, 시장조사보고서 등

2차 자료
다른 목적으로 이미 조사된 자료로, 정부 발행 인구조사보고서 등

02 마케팅 조사 방법 중 추세조사, 코호트 조사, 패널조사에 관해 설명하시오.

답안 1) 추세조사 : 현상이 어떤 방향으로 진전되고 있는지에 초점을 맞추어 조사하는 방법
2) 코호트 조사 : 처음 조건이 주어진 집단(코호트)에 대하여 이후의 경과와 결과를 알기 위해 미래를 조사하는 방법(예: 베이비붐 세대의 소비자 성향 조사)
3) 패널조사 : 조사대상을 고정하고, 동일한 조사대상에 대하여 동일 질문을 반복 시행하여 조사 과정의 변화 상태를 파악하려는 조사 방법
용어 **코호트(cohort)** : 종류를 의미하는 단어로, 여기서는 특정 경험을 공유하는 사람들의 집합체를 말한다.

KP 마케팅 조사 방법

추세조사	코호트 조사
현상이 어떤 방향으로 진전되고 있는가에 초점을 맞추는 조사 방법	처음 조건이 주어진 집단(코호트)에 대하여 이후의 경과와 결과를 알기 위해 미래를 조사하는 방법

패널조사
조사대상을 고정하고, 동일한 조사대상에 대하여 같은 질문을 반복 시행하여 조사 과정의 변화 상태를 파악하려는 조사 방법

03 마케팅 조사를 위해 설문지를 설계할 때 사용하는 질문 유형 2가지를 들고 이를 각각 설명하시오.

답안 1) 개방형 질문 : 답변 항목을 미리 제시하지 않고, 양을 제한하지 않으며, 응답자가 자신의 견해를 자유롭게 표현할 수 있도록 구성된 질문 방법
2) 폐쇄형 질문 : 미리 제시된 항목들 가운데서 답을 선택하도록 하거나 제한된 수만큼의 단어로 답하도록 구성된 질문 방법
암기 설문지 질문 형태 : 〈설문지 질문은 개방형은 주관식, 폐쇄형은 객관식 질문〉이다.

KP 개방형 질문과 폐쇄형 질문

개방형 질문	폐쇄형 질문
답변 항목을 미리 제시하지 않는 주관식 질문 방법	미리 제시된 항목 가운데 답을 선택하도록 하는 객관식 질문 방법

제3장 마케팅믹스와 마케팅전략

1. 마케팅 프로세스(STP)

가. 시장세분화

01 STP 구성 요소 3가지를 쓰고, 이를 설명하시오.

답안 1) segmentation : 기업이 독자적 기준으로 전체시장을 기업의 특성에 맞게 나누는 활동
2) targeting : 나누어진 시장을 제품이나 서비스를 구매할만한 고객집단을 찾는 활동
3) positioning : 상품이 경쟁상품과 비교하여 소비자의 마음속에 차별화되도록 위치시키려는 판매자의 노력

KP STP

segmentation(시장세분화)	targeting(시장 표적화)	positioning(시장 위치화)
기업이 독자적 기준으로 전체시장을 기업 특성에 맞게 나누는 활동	나누어진 시장을 제품이나 서비스를 구매할만한 고객집단을 찾는 활동	상품이 경쟁상품과 비교하여 소비자의 마음속에 차별화되도록 위치시키려는 기업의 노력

02 시장세분화의 개념과 시장세분화가 필요한 이유 3가지를 쓰시오.

답안 1) 시장세분화 개념 : 기업이 독자적 기준으로 전체시장을 특성에 맞게 나누어 세 시장으로 구분하는 활동
2) 시장세분화의 필요성
① 소비자 욕구를 정확하게 파악하여 이를 충족시킬 수 있다.
② 유리한 목표시장의 설정이 가능하다.
③ 시장 반응에 따라 마케팅 자원을 효율적으로 배분할 수 있다.

KP 시장세분화(segmentation)

개념
기업이 독자적 기준으로 전체시장을 특성에 맞게 나누어 적은 세시장으로 구분하는 활동

필요성
❶ 소비자 욕구의 정확한 파악과 충족
❷ 유리한 목표시장의 설정
❸ 마케팅 자원의 효율적 배분이 가능

03 시장세분화를 위한 근거 기준 4가지를 기술하고 이를 설명하시오.

답안 1) 인구통계학적 기준 : 성별, 연령, 직업 등의 변수를 사용하며, 측정과 적용이 용이하다.
2) 지리적 기준 : 지역 단위별로 세분화
3) 심리적 기준 : 개인별 특성, 심리적 요인 등의 변수를 사용한다.
4) 행위적 기준 : 소비자의 행동적 특성을 기초로 세분화한다.

암기 시장세분화 기준 : 〈시장세분화 기준은 인지심행편시〉이다. 인구통계학적, 지리적, 심리적, 행위적, 편익, 시간대 기준

KP 시장세분화 기준

❶ 인구통계학적 기준 : 성별, 연령, 직업 등 변수 사용
❷ 지리적 기준 : 지역 단위별로 세분화
❸ 심리적 기준 : 개인별 특성, 심리적 요인 등 변수 사용
❹ 행위적 기준 : 소비자의 행동 특성을 기준으로 세분화
❺ 편익 기준 : 소비자 편익에 따른 세분화
❻ 시간대 기준 : 시간대에 따라 세분화

04 시장세분화에 필요한 요건 5가지를 쓰시오.

답안 실행 가능성이 있어야 하며, 측정할 수 있어야 하고, 접근할 수 있어야 하며, 시장의 실체성이 있어야 하고, 규모가 적정한 시장이어야 한다.
암기 시장세분화 요건 : 〈시장세분화 요건은 실측실접적〉이다. 실행·측정·접근 가능성, 실체성, 규모 적정성

KP 시장세분화 요건
❶ 실행 가능성
❷ 측정 가능성
❸ 실체성
❹ 접근 가능성
❺ 규모 적정성

05 시장세분화 요건 중 측정 가능성, 접근 가능성, 실체성을 설명하시오

답안 1) 측정 가능성이란 세시장의 특성·구매력·크기 등을 측정할 수 있어야 한다.
2) 접근 가능성이란 세시장 내의 소비자들에게 효과적으로 접근할 수 있어야 한다.
3) 실체성이란 시장에 투자할 가치가 있고, 수익성이 확보될 수 있어야 한다.

06 시장세분화 변수의 개념과 시장세분화 변수 2가지를 적고, 이를 설명하시오.

답안 1) 시장세분화 변수는 전체시장을 세분 시장으로 나누기 위해 사용되는 개인이나 집단의 성향 또는 특성을 말하며
2) 시장세분화 변수는 고객 행동 변수와 고객 특성 변수로 구분한다.
3) 고객 행동 변수는 추구하는 편익, 사용량, 상표 충성도 등을 말하며,
4) 고객 특성 변수는 인구 통계적 변수, 심리 분석적 변수 등이다.

KP 시장세분화 변수	
개념	구분
전체시장을 세분 시장으로 나누기 위해 사용되는 개인이나 집단의 성향 또는 특성	❶ 고객 행동 변수 : 추구하는 편익, 사용량, 상표 충성도, 가격 민감도, 사용 상황 ❷ 고객 특성 변수 : 인구 통계적 변수(나이, 가족 생활주기, 성, 소득, 직업, 교육 수준), 심리 분석적 변수(라이프스타일), 지리적 변수(지역, 도시, 인구밀도 등)

나. 타게팅

01 목표시장전략의 개념을 적고, 간략하게 설명하시오.

답안 1) 목표시장전략의 개념 : 시장의 특성에 따라 나누어진 세시장에 제품이나 서비스를 구매할만한 고객집단을 찾아내는 전략이다.
2) 마케팅을 가장 효과적이고, 효율적으로 수행할 수 있는 시장을 선택하는 의미이다.

KP 표적 시장 전략(targeting)	
개념	내용
시장의 특성에 따라 나누어진 세(細)시장에 제품이나 서비스를 구매할만한 고객집단을 찾아내는 전략	가장 효과적이고, 효율적으로 마케팅을 수행할 수 있는 시장을 선택하는 활동

용어 **목표시장** : 일반적으로 표적 시장이라고 한다.
용어 **세시장** : 새로운(新) 시장이 아니고, 작게 나누어진(細) 시장을 말한다.(=niche market)

02 기업이 표적 시장을 선정하기 위해 세분 시장을 평가할 때 고려하여야 할 사항을 4가지 쓰시오.

KP 세분 시장 평가 고려사항
1. 조직 목표와 연관성
2. 필요 자원 동원 가능성
3. 마케팅전략과의 조화
4. 시장 매력도와 성장 가능성

답안 조직 목표와의 연관성, 필요 자원 동원 가능성, 마케팅전략과의 조화, 시장 매력도와 성장 가능성

다. 포지셔닝

01 상품 포지셔닝의 개념을 설명하고, 포지셔닝의 유형 4가지를 기술하시오.

답안 1) 포지셔닝이란 소비자의 마음속에 경쟁상품과 비교하여 차별화되도록 위치시키려는 노력을 말한다.
2) 포지셔닝의 유형
① 속성에 의한 포지셔닝
② 이미지에 의한 포지셔닝
③ 사용 상황이나 목적에 의한 포지셔닝
④ 이용자에 의한 포지셔닝
⑤ 경쟁상품에 의한 포지셔닝

KP 포지셔닝(positioning)

개념
소비자의 마음속에 경쟁상품과 비교하여 차별화되도록 위치시키려는 노력

유형
1. 속성에 의한 포지셔닝
2. 이미지에 의한 포지셔닝
3. 사용 상황이나 목적에 의한 포지셔닝
4. 이용자에 의한 포지셔닝
5. 경쟁상품에 의한 포지셔닝

참고 **포지셔닝의 다른 표현** : 위치화라고 한다. 시험문제도 '위치화의 개념을 적고, 위치화의 유형 4가지를 쓰시오'라고 출제되기도 한다.

암기 **포지셔닝 유형** : 〈포지셔닝은 속이사이경〉이다. 속성에 의한, 이미지에 의한, 사용 상황이나 목적에 의한, 이용자에 의한, 경쟁상품에 의한 포지셔닝이다.

02 상품과 서비스를 포지셔닝할 때 고려해야 하는 사항 4가지를 들고, 이를 설명하시오.

답안 1) 상품 속성 : 여러 속성 중에서 목표시장의 소비자들이 중요시하는 속성을 전달해야 한다.
2) 상품 용도 : 상품의 용도를 소비자에게 알려야 한다.
3) 가격 대비 품질 수준 : 품질 대비 적절한 가격전략을 결정해야 한다.
4) 경쟁 관계 : 경쟁자와 비교하여 자사 상품의 우수성을 강조해야 한다.

KP 포지셔닝 고려사항
1. 상품 속성 : 여러 속성 중 목표시장 소비자들이 중요시하는 속성 전달
2. 상품 용도 : 상품의 용도를 소비자에게 알림
3. 가격 대비 품질 수준 : 품질 대비 적절한 가격전략 결정
4. 경쟁 관계 : 경쟁자와 비교하여 상품의 우수성 강조

암기 **포지셔닝 고려사항** : 〈포지셔닝 고려사항은 속상품경〉이다. 상품 속성, 상품 용도, 품질 수준, 경쟁 관계

03 아래 보기는 마케팅 프로세스에서 어느 단계에 속하는지 쓰고, 그 이유를 설명하시오.

> 우리나라 프로축구는 프로야구보다 상대적으로 관중 수가 적다. 프로야구에서는 "언제 끝날지 모르는 경기"라고 내세웠기에 이에 맞서 프로축구에서는 "90분에 끝나는 경기"라고 홍보하였다.

답안 포지셔닝이며, 이는 소비자의 마음속에 경쟁상품인 프로야구와 차별화시켜 인식시키려는 프로축구 운영조직의 노력이기 때문이다.

2. 마케팅믹스(4P)

가. 마케팅믹스

01 마케팅믹스의 개념을 설명하고, 그 요소 4가지를 설명하시오.

답안 1) 마케팅믹스의 개념 : 마케팅 관련 요소인 상품, 가격, 유통 및 촉진을 적절하게 조화되어야 한다는 의미이다.
2) 마케팅믹스의 요소
① 상품(product) : 고객의 욕구를 만족시키는 재화, 서비스 또는 아이디어
② 가격(price) : 고객이 제품의 효용 가치를 인정하고, 이를 얻기 위해 지급하는 금전적 가치
③ 유통(place) : 고객이 상품이나 서비스를 구매하거나, 이용하는 장소와 유통과정
④ 촉진(promotion) : 제품의 판매를 촉진하기 위한 모든 커뮤니케이션 수단

개념	요소	
마케팅 관련 요소인 상품·가격·유통 및 촉진의 적절한 조화	❶ 상품 : 고객의 욕구를 만족시키는 재화, 서비스, 아이디어 ❷ 가격 : 제품의 효용 가치를 인정하고, 이를 얻기 위해 지급하는 금전적 가치 ❸ 유통 : 고객이 제품이나 서비스를 구매하거나, 이용하는 장소와 과정 ❹ 촉진 : 상품 판매를 촉진하기 위해 판매자와 고객과의 모든 커뮤니케이션 수단	

KP 마케팅믹스(4P)

02 마케팅믹스는 전통적으로 4P를 사용하고 있다. 한편으로는 확장 믹스를 사용하기도 한다. 마케팅 확장 믹스 3가지를 쓰시오.

답안 1) 프로세스(process) 2) 시설물(physical surroundings)
3) 인적자원(people)
보충 **마케팅 확장 믹스** : 위 답안의 3P 중 시설물 대신 물리적 증거(physical evidence)라고 하는 주장도 있다. 아울러 4P와 합쳐 7P라고도 한다.

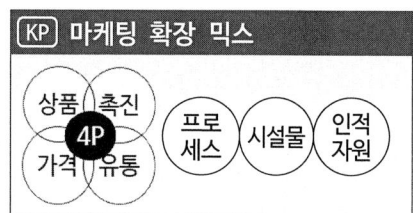

KP 마케팅 확장 믹스

나. 상품(product)

01 아래 보기에서 실제 제품에 해당하는 것을 모두 고르시오.

포장, 브랜드명, A/S, 품질, 스타일, 배달, 설치, 디자인, 특성, 결재 방식, 보증, 구매 욕구

답안 브랜드명, 품질, 스타일, 디자인, 특성

02 제품을 3가지 차원으로 나눌 수 있다. 코틀러가 주창한 제품의 3가지 차원을 설명하시오.

답안 1) 핵심제품은 소비자가 궁극적으로 얻고자 하는 핵심적 이익이나 혜택으로, 축구 경기 등 경기관람을 말한다.
2) 실제 제품은 상표, 이벤트명, 선수 등과 같이 실제 느끼는 물리적 형태로, 경기 자체이다.
3) 확장제품은 핵심 또는 유형 제품에 부가되어 소비자에게 제공되는 혜택으로, 경기 전 공연, 치어리더 서비스, 경품, 주차장 관리 등이다.

KP 제품의 3가지 차원		
핵심제품	실제 제품	확장제품
소비자가 궁극적으로 얻고자 하는 핵심적 이익이나 혜택 예) 경기관람	상표, 이벤트명, 선수 등과 같이 실제 느끼는 물리적 형태 예) 경기	핵심 혹은 실제 상품에 부가되어 소비자에게 제공되는 혜택 예) 경품

● 핵심상품
● 실제 상품
● 확장상품

보충 **상품의 3차원** : 코틀러가 주장하였기에 코틀러의 제품 차원이라고도 한다. 한편 상품을 5가지 차원으로 분류하는 때도 있다. 이때 분류 방법은 핵심 편익, 기본제품, 기대제품, 확장제품, 잠재제품 등이다.

인명 **코틀러(Philip Kotler)** : 미국 켈로그경영대학원 교수로, 마케팅의 세계 최고 권위자 중의 1인이다.

03 관람 스포츠에서 핵심제품과 확장제품에 대해 예를 들어 설명하고 관중동원을 위해 확장 제품에 관심을 기울여야 하는 이유를 쓰시오.

답안 1) 핵심제품이란 소비자가 궁극적으로 얻고자 하는 핵심적 이익이나 혜택을 말하며, 예로는 경기관람을 들 수 있다.
2) 확장제품은 핵심제품 또는 실제 제품에 부가되어 소비자에게 제공되는 이익이나 혜택을 말하며, 치어리더의 응원, 경품 등을 말한다.
3) 관람 스포츠에서 관중동원을 위해 관심을 기울여야 하는 이유는 소비자가 핵심제품과 더불어 확장 제품이 제공하는 이익이나 편익을 얻기 위해 경기를 관람하기 때문이다.

04 관람 스포츠의 확장제품 4가지를 쓰시오.

답안 경기 전 공연, 치어리더의 응원, 경품, 주차관리

KP 관람 스포츠의 확장 제품	
❶ 경기 전 공연	❷ 치어리더 응원
❸ 경품	❹ 주차관리

05 스포츠 상품의 특성 4가지를 쓰시오.

답안 1) 유·무형 상품이 공존하며
2) 소비자는 복합적 혜택을 선호하고
3) 상품에 대해 고객의 주관성이 강하게 작용하며
4) 사회적 집단의 동질성 표현이기도 하다.

KP 스포츠 상품의 특성
❶ 유·무형 상품이 공존
❷ 복합적 혜택 선호
❸ 강한 고객 주관성
❹ 집단 동질성 표현

암기 **스포츠 상품의 특성** : 〈스포츠 상품은 유무복주집〉이다. 유·무형 공존, 복합적 혜택, 강한 주관성, 집단 동질성 표현

보충 **스포츠 상품과 스포츠 서비스상품의 차이** : 아래 문제 08은 스포츠 경기 등 서비스에 국한된 특성이지만 여기서는 경기뿐 아니고, 스포츠 의류·장비 등이 포함된 유·무형 상품을 모두 의미한다.

06 스포츠 서비스상품의 특성 4가지를 쓰시오.

답안 1) 무형 상품이며, 주관적 상품이다.
2) 대중적 소비제품이다.
3) 소모성 상품이다.
4) 사회적 집단의 동질성 표현이다.
5) 결과 예측이 어렵다.
6) 소구력 상품이다.

> **KP** 스포츠 서비스상품의 특성
> ❶ 무형 상품이며, 주관적 상품
> ❷ 소모성 상품
> ❸ 사회적 촉진에 의한 대중적 소비제품
> ❹ 사회적 집단의 동질성 표현
> ❺ 예측이 어렵다.
> ❻ 소구력 상품

암기 스포츠 서비스 상품의 특성 : 〈스포츠 서비스 상품은 무주대소사결소〉이다. 무형 상품, 주관적 상품, 대중적 소비품, 소모성, 사회적 집단의 동질성 표현, 결과 예측이 어려움. 소구력 상품

---

07 상품을 소비자 구매 형태에 따라 편의품, 선매품, 전문품 등으로 분류한다. 이를 각각 설명하시오.

답안 1) 편의품 : 일상생활에서 소비 빈도가 높으며, 인접한 점포에서 구매하는 상품을 뜻한다. 식료품·간단한 약품·기호품·생활필수품 등이다.
2) 선매품 : 품질, 가격 등 관련 정보를 사전에 조사하고, 여러 제품과 비교한 후 최선이라고 판단되면 구매하는 제품으로 의류, 전자제품 등이다.
3) 전문품 : 상표나 제품 특징이 뚜렷하여 구매자가 상표 또는 점포의 신용과 명성에 따라 구매하는 제품이며, 비교적 가격이 비싼 자동차·피아노·카메라·전자제품 등과 고급 의류 등이다.

> **KP** 상품의 분류
>
> | 편의품 | 선매품 |
> |---|---|
> | 소비 빈도가 높고, 인접 점포에서 구매하는 상품으로, 식료품·약품·기호품·생활필수품 등 | 품질, 가격 등 관련 정보를 사전 조사하고, 여러 제품을 비교 후 최선을 구매하는 제품으로, 의류·전자제품 등 |
>
> | 전문품 |
> |---|
> | 상표나 제품 특징이 뚜렷하여 상표 또는 점포의 신용과 명성에 따라 구매하는 제품으로, 비교적 가격이 비싼 자동차·피아노·카메라·전자제품·고급 의류 등 |

---

08 상품의 일반적인 수명주기 4단계를 쓰시오.

답안 도입기, 성장기, 성숙기, 쇠퇴기로 나눈다.

보충 상품의 수명주기 : 문제와 같이 단순하게 수명주기 4단계 쓰기와는 별도로, '상품주기별 마케팅전략', '수명주기별 특징' 등으로 각각 출제될 수 있어 옆과 아음 페이지의 KP를 다 외워야 한다.

> **KP** 상품 수명주기별 마케팅전략
>
> | 도입기 | 성장기 |
> |---|---|
> | ❶ 상품인지도 상승
❷ 광고 노출
❸ 매출과 시장점유율 증대 | ❶ 경쟁제품과 차이점 제공
❷ 광고 강화
❸ 집중적 유통전략 |
>
> | 성숙기 | 쇠퇴기 |
> |---|---|
> | ❶ 이익 극대화 주력
❷ 판매촉진 활동 강화
❸ 시장점유율 유지 | ❶ 철수 준비
❷ 비용 절감 |

KP 상품 수명 주기(PLC, product life cycle)별 특징

	도입기	성장기	성숙기	쇠퇴기
매출	낮음	급성장	최대 점 도달	감소
이익	적자, 낮은 이익	점차 증가	높은 이익	감소
경쟁자	없거나 소수	점차 증가	많음	감소
가격	고가 또는 저가	시장침투가격	경쟁 대응 가격	저가
유통	선택적 유통	집약적 유통	집약적 유통	선택적 유통, 철수
마케팅전략	상품인지도 향상	시장점유율 확대	이익 극대화	비용 절감, 철수

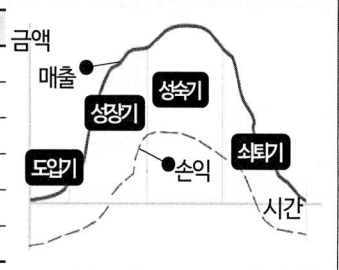

09 스포츠 제품의 수명주기인 도입기의 특징과 전략을 각각 3가지 쓰시오.

KP 도입기

특징	전략
❶ 매출 발생 시작	❶ 상품 인지도 상승
❷ 높은 생산원가	❷ 광고 노출
❸ 경쟁자가 없거나 소수	❸ 매출과 시장점유율 증대

답안 1) 도입기의 특징 : 매출이 발생하기 시작하며 생산비용이 많이 들어가고, 경쟁자가 없거나, 소수이다.
2) 도입기의 전략 : 상품 인지도를 상승시키도록 하고, 광고 노출을 증대하며, 매출과 시장점유율 증대 전략이 필요하다.

10 스포츠제품의 수명주기인 성장기의 특징과 전략을 각각 3가지 쓰시오.

답안 1) 성장기의 특징 : 수요가 급속히 증가하며, 이익이 발생하기 시작하고, 경쟁제품과 모방제품 출현한다.
2) 성장기의 전략 : 경쟁제품과의 차이점을 소비자에게 강조하며, 광고를 강화하고, 집중적 유통전략 사용

KP 성장기

특징	전략
❶ 수요의 급속한 증가	❶ 경쟁품과 차이점을 강조
❷ 이익 발생 시작	❷ 광고 강화
❸ 경쟁제품과 모방제품 출현	❸ 집중적 유통전략

11 상품수명주기에서 성숙기의 특징과 필요한 전략 3가지를 서술하시오.

답안 1) 성숙기의 특징 : 매출 신장이 둔화하거나 낮아지며, 높은 이익이 실현되고, 경쟁자가 많다.
2) 성숙기의 전략 : 이익 극대화에 주력하며, 신규고객 창출보다 경쟁사 고객 유치를 위한 가격 할인 등의 판매촉진 전략을 사용하며, 경쟁자와 제품을 차별화한다.

KP 성숙기

특징
❶ 매출 신장이 둔화
❷ 높은 이익 실현
❸ 경쟁자가 많다.

전략
❶ 이익 극대화에 주력
❷ 판매촉진 활동 강화
❸ 시장점유율 유지

다. 가격(price)

01 가격의 특성 6가지를 쓰시오.

답안 1) 다른 마케팅믹스와 비교하면 변경이 수월하다.
2) 마케팅믹스 요소 중 가장 강력한 경쟁 도구이다.
3) 시장점유율과 손익에 미치는 영향이 크다.
4) 변동 폭이 비교적 크다.
5) 환경이나 상황에 많은 영향을 많이 받는다.
6) 상대적 관계에 따라 결정되는 경우가 많다.

KP 가격의 특성

❶ 변경이 비교적 수월
❷ 강력한 경쟁 도구
❸ M/S와 손익에 큰 영향
❹ 비교적 큰 변동 폭
❺ 상황에 영향을 많이 받는다.
❻ 상대적 관계로 결정

02 마케팅믹스에서 가격은 쉽게 변경할 수 있다. 그 이유를 3가지로 기술하시오.

답안 1) 가격은 다른 요소에 비해 변경이 비교적 수월하다.
2) 수요가 탄력적인 시장에서 가격은 효과적인 마케팅 도구이다.
3) 마케팅 요소 중에서 소비자에게 가장 쉽게 전달될 수 있다.
4) 소비자 인식변화가 비교적 용이하다.

KP 가격 변경이 수월한 이유
❶ 다른 요소보다 변경이 수월
❷ 효과적인 마케팅 도구
❸ 소비자 전달이 비교적 수월
❹ 소비자 인식변화가 용이

03 가격 결정에 영향을 주는 내·외적 요인을 각각 3가지를 쓰시오.

답안 1) 외적 요인 : 경제 환경, 정부 규제, 경쟁자 가격, 소비자 반응
2) 내적 요인 : 경영전략, 조직 특성, 원가
암기 가격 결정 영향요인 : 〈가격 결정 요인은 외적으로 경정경소이고, 내적으로 경조원〉이다.

KP 가격 결정 영향요인	
외적 요인	내적 요인
❶ 경제 환경	❶ 경영전략
❷ 정부 규제	❷ 마케팅전략
❸ 경쟁자 가격	❸ 조직 특성
❹ 소비자 반응	❹ 원가

04 가격을 결정할 때 고려해야 할 사항 4가지를 적으시오.

답안 이익 지향, 매출 지향, 경쟁 지향, 이미지 지향, 카르텔 고려
암기 가격 결정 고려사항 : 〈가격 결정 고려는 이매경이〉이다. 이익 지향, 매출 지향, 경쟁 지향, 이미지 지향

KP 가격 결정 고려사항	
❶ 이익 지향	❸ 경쟁 지향
❷ 매출 지향	❹ 이미지 지향

05 가격책정 방법 3가지를 쓰고, 각각에 대해 설명하시오.

답안 1) 원가 기준 가격책정 : 상품을 생산하는데 소요된 비용에 적정 이윤을 추가하여 책정
2) 차별화 가격책정 : 동일 상품을 세시장별 상황에 따라 각각 다른 가격으로 책정
3) 심리적 가격책정 : 소비자의 심리 상태를 파악하여 가격을 책정
4) 패키지 가격책정 : 특성이나 용도가 다른 상품을 2 이상 묶어서 판매할 때의 가격책정 방법

KP 가격책정 방법	
원가 기준책정	차별화 책정
생산비용에 적정 이윤을 추가하여 책정	동일 상품을 시장 상황에 따라 각각 다른 가격으로 책정
심리적 책정	패키지 가격책정
소비자의 심리 상태를 파악하여 가격책정	둘 이상의 상품을 패키지화하여 가격책정

06 가격 차별화의 개념을 적고, 가격 차별화 방법 4가지를 쓰시오.

답안 1) 가격 차별화란 소비자의 선호도, 욕구와 수요 등에 따라 가격을 높게 또는 낮게 책정하여 차등을 두는 방법이다.
2) 가격 차별화 방법은 이용 시간대별 차별화, 계절별, 시기별 차별화, 선호도에 따른 차별화, 편익에 따른 차별화 등이 있다.
암기 가격 차별화 방법 : 〈가격 차별화는 시계시편〉이다. 이용 시간대별, 계절별, 시기별, 편익 차별화

KP 가격 차별화
개념
소비자의 선호도, 욕구와 수요 등에 따라 가격을 높거나, 낮게 책정하여 차등을 두는 방법
방법
❶ 이용 시간대별 차별화
❷ 계절별 차별화
❸ 시기별 차별화
❹ 편익에 따른 차별화

07 가격을 할인하는 방법 4가지를 쓰시오.

답안 현금 할인, 수량 할인, 계절 할인, 기능 할인, 촉진 할인, 공제

KP 가격할인 방법

현금 할인	수량 할인	계절 할인	기능 할인	촉진 할인	공제
현금 거래를 유도하는 할인	구매 수량이 많으면 할인(예 : 단체 입장 할인)	성수기와 비수기로 나누어 비수기에 할인	기능 일부를 줄여 원가를 낮춘 상태로 판매하는 할인	단기간 판매 증대를 목적으로 할인	전체 가격에서 일정한 금액을 빼는 방식으로, 일반적 할인과 구분

암기 가격할인 방법 : 〈가격 할인은 현수계기촉〉이다. 현금, 수량, 계절, 기능, 촉진 할인

08 재판매 유지 가격, 권장 소비자 가격, 종속제품 가격을 각각 설명하시오.

답안 1) 재판매 유지 가격 : 공급자가 소매업자에게 판매가격을 정하여 이를 반드시 지키도록 하는 가격으로, 소매업자가 상품을 가격 인하해서 판매하지 않도록 한다.
2) 권장 소비자 가격 : 공급자가 소매업자의 최종 판매가격 결정에 참고하도록 정한 가격
3) 종속제품 가격 : 본체와 부속품 모두 갖추어야 제품의 온전한 기능을 유지할 때 본체의 가격은 낮게 책정하여 소비자의 구매를 유도한 후 부속품의 가격은 높게 책정하는 가격

KP 특수한 가격

구분	내용
재판 유지 가격	공급자가 소매업자에게 판매가격을 정하여 이를 반드시 지키도록 하는 가격
권장 소비자 가격	공급자가 소매업자의 최종 판매가격 결정에 참고하도록 임의로 정한 가격
자유 가격	소매업자가 시장 동향 등을 고려하여 독자적으로 정하는 가격
촉진가격	대량 판매 등을 목적으로, 임시로 가격을 내린 상태의 가격
종속제품 가격	본체와 부속품 모두 갖추어야 제품의 온전한 기능을 유지할 때 본체의 가격은 낮게 책정하여 구매를 유도한 후 부속품가격을 높게 책정하여 이윤을 창출한다.(예: 양궁 활과 화살촉)

09 묶음 가격 개념을 적고, 묶음 가격의 종류를 2가지 쓰고, 그 사례를 설명하시오.

답안 1) 묶음 가격이란 2개 이상의 제품이나 서비스를 하나로 묶어 각각 살 때보다 저렴하다.
2) 묶음 가격의 종류와 사례
㉠ 순수 묶음 가격 : 동일한 상품을 2개 이상 묶어 판매하는 방법으로, 개별로 살 때보다 저렴하게 정하는 것이 일반적이다. 스포츠 경기관람 시 단체입장권이 이에 해당한다.
㉡ 혼합 묶음 가격 : 다른 상품을 2개 이상 묶어 판매하는 방법으로, 유니폼과 모자, 햄버거와 콜라 등 연관품을 함께 구매하도록 유도하는 방법이다.

용어 묶음 판매 : 패키지 판매라고도 한다.

KP 묶음 가격

개념
2 이상의 제품을 하나로 묶어 각각 살 때보다 저렴하게 판매하는 가격

방법
❶ 순수 묶음 판매 : 동일 상품을 2개 이상 묶어 판매하는 방법
❷ 혼합 묶음 판매 : 다른 상품을 2개 이상 묶어 판매하는 방법

10 스키밍전략(Skimming)과 침투가격전략(penetration pricing)을 설명하시오.

답안 1) 스키밍전략 : 처음 고가전략으로 시작하여, 경쟁자 출현 또는 상황의 변화에 따라 가격을 낮추어가는 전략을 말하며
2) 시장침투가격 전략 : 짧은 기간 내 시장을 형성시킬 교두보가 필요하거나, 단위당 이익이 낮더라도 대량 판매로 이익의 실현이 가능하거나, 경쟁자의 진입을 방지할 필요가 있을 때 사용한다.

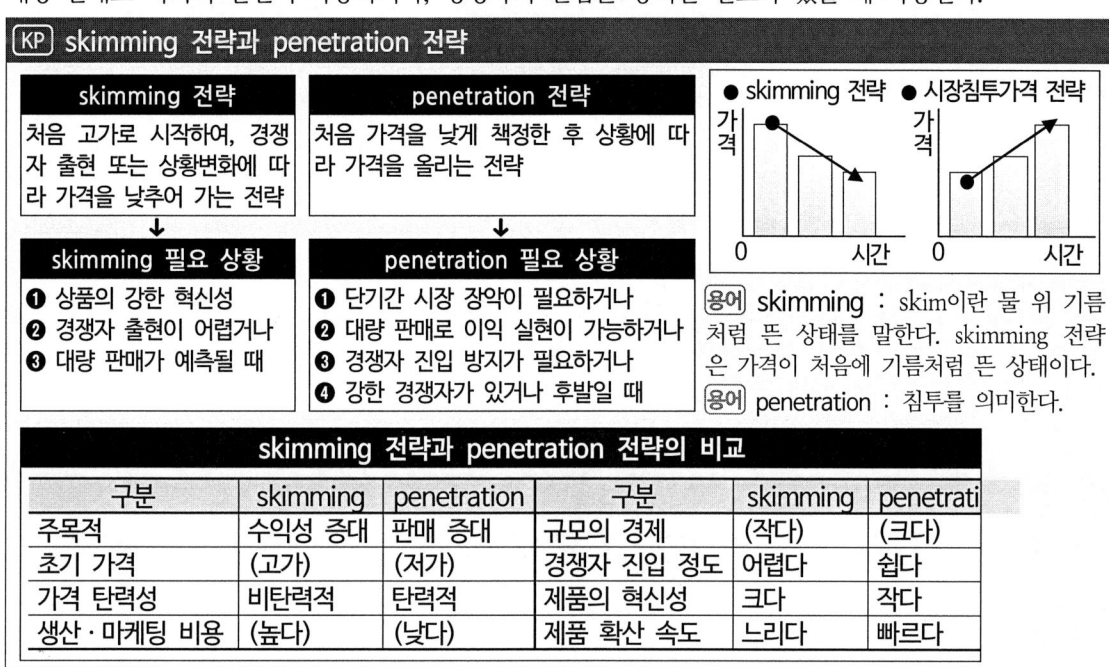

11 아래 표는 스키밍전략과 시장침투가격전략의 비교표이다. ( ) 속에 적절한 용어를 쓰시오.

구분	skimming	penetration	구분	skimming	penetration
주목적	수익성 증대	판매 증대	경쟁자 진입 정도	(E)	(F)
초기 가격	(A)	(B)	제품의 혁신성	크다	작다
생산·마케팅 비용	(C)	(D)	제품 확산 속도	느리다	빠르다

답안 (A) 고가, (B) 저가, (C) 높다, (D) 낮다, (E) 작다, (F) 크다.

12 신제품 고가전략과 신제품 저가 전략이 필요한 시장 상황 3가지를 쓰시오.

답안 1) 신제품 고가전략이 필요한 상황 : 혁신성이 강한 상품이거나, 경쟁자 출현이 어렵거나, 대량 판매가 예측될 때
2) 신제품 저가 전략이 필요한 상황 : 단기간 시장을 형성시킬 교두보가 필요하거나, 단위당 이익이 낮더라도 대량 판매로 이익 실현이 가능하거나, 경쟁자 진입을 방지할 필요성이 있을 때

13 소비자 심리를 이용한 가격 결정 방법 4가지를 쓰시오.

답안 단수가격, 긍지 가격, 유인가격, 관습가격, 현금가격 등은 소비자 심리를 이용한다.

참고 소비자 심리를 이용한 가격 결정 방법

구분	내용
단수가격	가격의 끝자리를 단수로 만들어 소비자가 제품이 저렴하다는 인식을 주는 가격(예 : 9,900원)
긍지가격	가격으로 품질을 평가하는 심리를 이용하는 방법으로, 명품가방 등의 판매에 활용하며, 가격을 상대적으로 높게 책정한다. 예)명품 여성용 핸드백 (=명성가격, 권위상징가격)
유인가격	특정 제품의 가격을 낮게 책정하여 다른 제품도 함께 구매하도록 유인하는 방법(=미끼 가격)
관습가격	장기간 고정되어 소비자 생각이 고착된 상태로, 이를 벗어나면 소비자의 저항이 일어난다.
현금가격	카드 결제 시 가격을 높게 책정하여 현금 구매를 유도할 때의 가격

14 수요의 가격 탄력성 공식을 적고, 탄력적 수요, 비탄력적 수요, 단위 탄력적 수요에 관해 설명하시오.

답안 1) 공식 : 가격 탄력성(e)=수요량의 변화율/가격의 변화율
2) 탄력적 수요 : 가격 탄력성의 절댓값이 1보다 큰 경우
3) 비탄력적 수요 : 가격 탄력성의 절댓값이 1보다 적은 경우
4) 단위 탄력적 수요 : 가격 탄력성이 1인 경우

KP 가격 탄력성

개념	공식	
가격이 변함에 따라 수요량이 변동하는 상태의 비율로, 가격 탄력성이 높다는 것은 수요가 가격에 민감하다는 것을 의미한다.	수요의 가격 탄력성= $\dfrac{수요량의 변화율(\%)}{가격의 변화율(\%)}$	= $\dfrac{수요량의 변화량/원래의 수요}{가격의 변화량/원래의 가격}$

해석						
❶ 탄력적 수요 : 가격 탄력성의 절댓값이 1보다 큰 경우 ❷ 비탄력적 수요 : 가격 탄력성의 절댓값이 1보다 적은 경우 ❸ 단위 탄력적 수요 : 가격 탄력성이 1인 경우	구분	e=∞	1〈e〈∞	e=1	0〈e〈1	e=0
	정의	완전 탄력적	탄력적	단위 탄력적	비탄력적	완전 비탄력적

용어 기호 e와 ∞ : e는 elasticity의 약어로, 탄력성을 나타내며, ∞는 무한대를 나타내는 기호이다.

경향 가격 탄력성 출제 경향 : 가격 탄력성 문제는 실제 숫자가 제시되고, 계산과정을 기재하도록 한 문제도 출제된다.

15 A 수영장에서 월회비 50,000원에서 40,000원으로 가격을 인하하였더니 회원이 200명에서 400명으로 증가하였고 B 수영장도 월회비를 50,000원에서 40,000원으로 가격을 인하하였더니 회원이 200명에서 600명으로 증가하였다. 수요량의 변화를 공식을 적용하여 각 수영장의 수요변화율을 계산하고 어느 수영장의 수요가 더 탄력적인지 쓰시오. (단 반드시 계산과정 기재해야 함 -A 수영장의 수요변화율, -B 수영장의 수요변화율, -탄력적인 수영장)

답안 수요의 가격 탄력성(e) = 수요량의 변화율/가격의 변화율이다.
1) A 수영장의 수요변화율은 {(400명-200명)/200명}×100이고(변화율은 %로 나타나기 때문에 100을 곱하였음)
2) B 수영장의 수요변화율은 {(600명-200명)/200}×100=200이다.
3) 가격 탄력성이 높은 수영장을 찾기 위해서 가격 탄력성 공식을 적용하면 A 수영장은 {(400명-200명)÷200명}÷{(50,000원-40,000원)÷50,000원}이고, B 수영장은 {(600명-200명)÷{(50,000원-40,000원)÷50,000원}이다. 이를 계산하면 각각 5와 10이 나온다. 그러므로 B 수영장의 가격 탄력성이 높으므로, 탄력적이다.

라. 유통(place)

01 유통의 역할 3가지를 쓰시오.

답안 거래 수의 최소화, 시간적·지리적 불일치의 극복, 정보 제공, 금융기능 수행, 위험 분산, 마케팅의 효과적 실행

KP 유통의 역할
❶ 거래 수 최소화
❷ 시간적·지리적 불일치 극복
❸ 정보 제공
❹ 금융기능 수행
❺ 위험 분산
❻ 마케팅의 효과적 실행

02 유통경로의 중요성 4가지를 쓰시오.

답안 거래 수의 최소화, 생산자와 소비자의 조정, 거래 표준화, 구매자와 판매자에게 정보 제공

KP 유통경로의 중요성
❶ 거래 수 최소화
❷ 생산자와 소비자 조정
❸ 거래 표준화
❹ 구매자·판매자에게 정보 제공

03 유통경로에서 중간상의 역할 4가지를 쓰시오.

답안 1) 효율적인 거래 지원으로 총거래 비용의 감소
2) 생산자와 소비자의 거리 단축과 정보 유통
3) 외상 등 신용거래로 금융기능 역할 수행
4) 마케팅의 효과적 실행
5) 생산자 재고 비용 감소

KP 중간상의 역할
❶ 효율적인 거래 지원과 거래비용 감소
❷ 생산과 소비의 거리 단축과 정보 유통
❸ 외상 등 신용거래로 금융기능 역할 수행
❹ 마케팅의 효과적 실행
❺ 생산자 재고 비용 감소

[04] 다음의 상품 분류와 이에 적합한 유통경로를 선택하시오.

A) 편의품 ·   · a) 선택적 유통
B) 선매품 ·   · b) 전속적 유통
C) 전문품 ·   · c) 집중적 유통

[답안] A) 편의품 - c) 집중적 유통경로,
B) 선매품 - a) 선택적 유통경로,
C) 전문품 - b) 전속적 유통경로

[KP] 상품별 유통경로

❶ 편의품	→	집중적
❷ 선매품	→	선택적
❸ 전문품	→	전속적

---

[05] 유통경로의 유형 4가지를 쓰시오.

[답안] 1) 전속적 유통경로 2) 집약적 유통경로 3) 개방적 유통경로 4) 배타적 유통경로

[암기] **유통경로 유형** : 〈유통경로는 전집개배〉이다. 전속적, 집약적, 개방적, 배타적 유통경로

[KP] 유통경로의 유형

전속적 유통	집약적 유통
지역 내 특정 중간상만 상품을 취급	지역 내 많은 중간상이 상품을 취급
개방적 유통	배타적 유통
소매상이 경쟁상품도 함께 취급	소매상에게 독점판매권을 부여

---

[06] 유통 커버리지의 개념과 종류를 3가지 쓰시오.

[답안] 1) 유통 커버리지는 일정 지역에서 자사 제품을 취급하는 점포 수를 나타낸다.
2) 유통 커버리지는 집중적 커버리지, 전속적 커버리지, 선택적 커버리지로 구분한다.

[용어] **유통 커버리지** : 유통집중도라고도 한다.

[KP] 유통 커버리지

개념		
일정 지역에서 자사 제품을 취급하는 점포 수		
종류		
집중적 커버리지	전속적 커버리지	선택적 커버리지
가능한 한 많은 점포가 자사 제품 취급	일정 지역에 한 점포만 독점적으로 취급	일정 자격을 갖춘 소수에게 자사 제품 취급

---

[07] 유통경로 간 갈등의 원인 3가지를 쓰고, 이를 설명하시오.

[답안] 1) 목표 불일치 : 경로 구성원 간 각자 목표가 다르고, 목표를 동시에 달성할 수 없을 때
2) 영역 불일치 : 경로 구성원 간 각자의 역할이나 영역에 대하여 합의가 이루어지지 않을 때
3) 지각 불일치 : 같은 사안을 놓고 경로 구성원들이 인식을 다르게 할 때

[KP] 유통경로 사이의 갈등 원인

목표 불일치	영역 불일치	지각 불일치
경로 구성원 간 각자 목표가 다르고, 목표를 동시에 달성할 수 없을 때	경로 구성원 간 각자의 역할이나 영역에 대하여 합의가 이루어지지 않을 때	같은 사안을 놓고 경로 구성원 사이 인식을 다르게 할 때

08 유통경로 시스템의 개념을 설명하고, 그 종류 3가지를 쓰시오.

답안 1) 유통경로 시스템이란 상품을 효과적으로 판매하기 위해 구축하는 시스템을 말한다.
2) 유통경로 시스템은 전통적 유통경로 시스템, 수직적 유통경로 시스템, 수평적 유통경로 시스템으로 구분한다.

KP 유통경로 시스템

개념	종류
상품을 효과적으로 판매하기 위해 구축하는 유통 시스템	❶ 전통적 유통경로 : 유통경로에서 지배구조 없이 독립적으로 연결된 시스템 ❷ 수직적 유통경로 : 수직적 통합으로 시장 영향력 발휘 등의 성과를 높이는 시스템 ❸ 수평적 유통경로 : 동일 경로에 2 이상이 결합하는 수행하는 시스템

09 수직적 유통경로 시스템의 개념을 설명하고, 그 종류 3가지를 쓰시오.

답안 1) 수직적 유통경로 시스템은 유통 관련 사항을 전문적으로 관리하는 시스템이다. 도소매상 연계 관계를 체계화하고, 경로 내 유통기관에 대한 통제력 강화와 영향력 발휘로 유통을 효과적으로 수행한다.
2) 수직적 유통경로 시스템은 기업형 VMS와 계약형 VMS, 관리형 VMS로 구분한다.

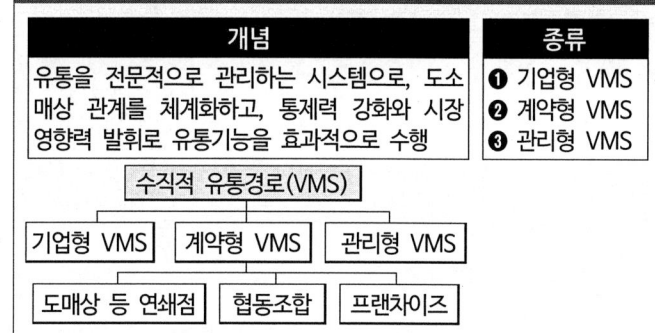

참고 수직적 유통경로의 설명

구분	설명
기업형 VMS	하나의 기업이 전후방 통합을 이루는 시스템
계약형 VMS	계약 시스템으로, 도매상과 연쇄점·소매상 협동조합·프랜차이즈 등
관리형 VMS	우월한 하나 또는 한정된 수의 기업이 경로 전체의 전략이나 방침을 정하고 실행

용어 수직적 유통경로 시스템 : VMS, vertical marketing system
수평적 유통경로 시스템 : HMS, horizontal marketing system

10 유통경로의 단축이 필요한 경우 3가지를 쓰시오.

답안 1) 제품의 기술이 복잡할 때
2) 경쟁제품과 차별화가 필요할 때
3) 소비자의 지리적 분산이 약할 때

KP 유통경로 단축 필요 상황
❶ 제품의 기술이 복잡할 때
❷ 경쟁제품과 차별화가 필요할 때
❸ 소비자의 지리적 분산이 약할 때

[11] 소매상은 점포소매상과 무점포소매상으로 구분한다. 점포소매상을 5가지 쓰시오.

답안 편의점, 슈퍼마켓, 전문점, 백화점, 할인점, 상설할인매장

용어 **카테고리 킬러** : 한 가지 또는 한정된 상품군을 취급하며, 할인점보다 저렴한 가격으로 판매하는 산매업이다. 사무용품의 오피스디포, 가구용품의 이케아 등이 있다.

KP 소매상의 유형

점포소매상
편의점, 슈퍼마켓, 전문점, 백화점, 할인점, 상설할인매장, 드러그스토어, 카테고리 킬러
무점포소매상
다이렉트 마케팅(통신판매, 원거리판매, 홈쇼핑, 온라인소매), 방문판매, 자동판매기

마. 판매촉진(promotion)

[01] 마케팅믹스 요소로서의 판매촉진의 개념을 설명하고, 전통적 방법 4가지를 쓰시오.

답안 1) 판매를 원활하게 하며, 매출을 증가시키기 위해 시행하는 모든 활동을 지칭하는 것으로, 소비자와 기업의 커뮤니케이션의 모든 방법을 포괄한다.
2) 판매촉진의 전통적 방법은 인적판매, 판매촉진, 광고, PR 등이다.

보충 **판매촉진의 요소** : 판매촉진 속에 또 판매촉진은 협의의 촉진이다. 인적판매, 광고, PR을 제외한 가격할인, 선물 및 샘플 증정, 쿠폰 발행, 경연대회 및 이벤트 개최 등이다.

KP 판매촉진(promotion)

개념	방법
판매 원활화와 매출을 증가시키기 위해 시행하는 모든 활동을 지칭하는 것으로, 소비자와 기업 사이 커뮤니케이션의 모든 방법	인적판매, 판매촉진, 광고, PR

[02] 다음의 가, 나, 다에 들어갈 말을 쓰시오.

	범위	비용
광고	광범위	보통
판매촉진	광범위	(가)
인적판매	(나)	비싼 편
홍보/스폰서십 판매	광범위	(다)

KP 판매촉진 수단 비교

	범위	비용
광고	광범위	보통
판매촉진	광범위	비싼 편
인적판매	협소	비싼 편
홍보/스폰서십 판매	광범위	무료

답안 가. 비싼 편, 나. 협소, 다. 무료

[03] 촉진 방법 중 판매촉진의 구체적 사례와 장점을 3가지를 적으시오.

답안 1) 판매촉진 사례 : 가격할인, 선물 및 샘플 증정, 쿠폰 발행, 이벤트 개최
2) 판매촉진의 장점
① 판매 증진의 효율적 방법이며
② 광고에 비해 빠르고, 비용이 저렴하며
③ 특정 시기와 특정 지역에서 시행할 수 있다.

KP 협의의 판매촉진

사례	장점
❶ 가격할인	❶ 판매 증가의 효율적 방법
❷ 선물·샘플 증정	❷ 광고에 비해 빠르고, 비용이 저렴
❸ 이벤트 개최	❸ 특정 시기와 장소에서 시행 가능

04 할인 쿠폰의 개념과 쿠폰 발행 효과를 설명하시오.

답안 쿠폰은 소비자가 특정 제품을 구매할 때 조건에 따라 할인 또는 무료 제공 혜택을 받을 수 있는 증표를 말하며, 쿠폰의 효과는 광고, 홍보, 재고정리, 단기적 수요조절, 현금 거래 증대, 소비 활성화, 재방문 증대, 소비 확대 등이다.

KP 할인 쿠폰

개념	효과	문제점
소비자가 특정 제품을 구매할 때 조건에 따라 할인 또는 무료 제공 혜택을 받을 수 있는 증표	광고, 홍보, 재고정리, 단기적 수요조절, 현금 거래 증대, 소비 활성화, 재방문 증대, 소비 확대	과장 광고, 소비자 신뢰도 하락, 가격 거품현상 초래, 쿠폰 지향적 소비자의 양산

05 인적판매의 개념과 장단점을 각각 2가지를 설명하시오.

답안 1) 인적판매는 사람이 직접 고객에게 사용 방법 설명, 애프터서비스 제공 등은 물론 직접 대면하여 촉진을 전개하는 방법을 말한다.
2) 인적판매의 장점은 고객과 직접 대면하므로 고객의 주의집중이 가능하고, 아울러 고객의 니즈를 파악하여 이를 충족시킬 수 있고, 인간관계를 활용할 수 있다.
3) 인적판매의 단점은 고비용, 저효율과 아울러 자원의 확보와 유지가 어렵다.

KP 인적판매

개념
고객과 직접 대면하여 촉진 활동을 전개하는 방법

장점	단점
❶ 고객 주의집중 가능 ❷ 고객 니즈 파악 수월 ❸ 인간관계 활용	❶ 고비용 저효율 ❷ 인적자원 확보·유지의 어려움

06 마케팅믹스 중 광고의 장단점을 각각 2가지씩 쓰시오.

답안 1) 광고의 장점은 짧은 시간에 다수의 소비자에게 전달할 수 있으므로 대중성이 강하며, 지리적으로 널리 분포된 소비자 커뮤니케이션에 강하고, 1인당 소요 비용이 다른 촉진 방법과 비교하면 저렴하다.
2) 단점으로는 목표 소비자를 대상으로 광고하기가 쉽지 않고, 일방적 정보를 전달하며, 비용 부담이 다른 촉진 방법보다 상대적으로 높다.

KP 광고

장점
❶ 강한 대중성 ❷ 지리적으로 광범위한 소비자 대상에 유리 ❸ 1인당 소요 비용이 다른 방법보다 저렴

단점
❶ 목표 소비자 대상 광고가 어렵다. ❷ 일방적 정보 전달 방식 ❸ 비용 부담이 상대적으로 높다.

07 스포츠를 이용한 광고가 최근에 급성장한 배경 3가지를 쓰시오.

답안 1) 새로운 커뮤니케이션 수단으로서의 가치 증대
2) 스포츠에 관한 관심 증대로 광고비용 대비 효과성 상승
3) 스포츠에 대한 매스미디어의 관심 증대로 미디어 노출의 증가
4) 스포츠의 긍정적 이미지를 전달하는 효과

KP 스포츠를 이용한 광고의 성장배경

❶ 새로운 커뮤니케이션 수단으로서의 가치 증대
❷ 스포츠 관심 증대로 광고의 비용 대비 효과성의 상승
❸ 매스미디어의 관심 증대로 미디어 노출의 증가
❹ 스포츠의 긍정적 이미지 전달 효과

08 TV의 스포츠 중계 대부분이 가상 광고를 시행하고 있다. 가상 광고의 개념을 적고, 가상 광고의 특성 3가지를 쓰시오.

[답안] 1) 가상 광고의 개념 : 스포츠 중계방송에서 가상 이미지를 화면에 삽입하는 형태의 TV 광고로, 간접 참가자인 시청자를 대상으로 한다.
2) 가상 광고의 특징 : 높은 노출 효과, 시청자 집중도 상승, 맥락 일치 효과, 제한된 시간(5/100 이내)과 공간(화면의 1/4 이내)
[보충] **가상 광고와 PPL의 차이** : 가상 광고는 PPL(product placement)과 유사하지만, 맥락 일치 효과의 차이를 갖고 있다.

[KP] 가상 광고(virtual advertising)

개념
스포츠 중계방송에서 가상 이미지를 화면에 삽입하는 형태의 TV 광고

특징
❶ 높은 노출 효과
❷ 시청자 집중도 상승
❸ 맥락 일치 효과
❹ 제한된 시간과 공간

09 마케팅믹스 중 광고는 비교적 높은 비용을 수반하므로 광고 효과 평가가 중요하다. 광고에 대한 효과를 평가하는 방법 4가지를 쓰시오.

[답안] 1) 인지 평가 2) 태도 평가 3) 행동 평가 4) 이미지 평가 5) 매출 평가
[암기] **광고 효과 평가 방법** : 〈광고 효과 평가는 인태행이매〉이다. 인지·태도·행동·이미지·매출 평가

[KP] 광고 효과 평가 방법

❶ 인지 평가	❹ 이미지 평가
❷ 태도 평가	❺ 매출 평가
❸ 행동 평가	

10 최근 일반기업이 전통적 광고 매체보다 인터넷 광고를 선호하는 경향이 있다. 인터넷 광고의 장점 4가지를 기술하시오.

[답안] 1) 소비자 포지셔닝이 수월하며 2) 광고 제작이 비교적 쉬우며 3) 가격이 비교적 저렴하며 4) 환경변화에 쉽게 대응할 수 있다.
[암기] **인터넷 광고의 장점** : 〈인터넷 광고는 포제가대〉이다. 포지셔닝이 수월, 제작이 수월, 가격 저렴, 환경변화의 쉬운 대응

[KP] 인터넷 광고의 장점

❶ 소비자 포지셔닝이 비교적 수월
❷ 제작이 비교적 쉽고
❸ 가격이 비교적 저렴
❹ 환경변화에 대한 쉬운 대응

11 판매촉진 방법 중 ATL과 BTL에 관해 설명하고 각각의 예를 1가지를 쓰시오.

[답안] 1) ATL(above the line) : TV, 신문 등의 매체를 통한 커뮤니케이션 활동으로 대행 수수료를 받는 경우이다. 실제 사례로는 TV, 신문 등의 미디어 광고 게재를 말한다.
2) BTL(below the line) : 미디어를 통하지 않고, 직접 소비자를 대상으로 하는 커뮤니케이션 활동을 말하며, 실제 사례로는 판매지원, 유통지원, 설문 조사 등이다.
[참고] ATL(above the line)과 BTL(below the line)

[KP] ATL과 BTL

ATL
TV, 신문 등 매체를 통한 커뮤니케이션 활동으로 대행 수수료를 받는 경우로, TV, 신문 등의 미디어 광고 게재

BTL
미디어를 통하지 않고, 직접 소비자를 대상으로 하는 커뮤니케이션 활동으로, 판매지원, 유통지원, 설문 조사 등

구분	설명
ATL	TV, 신문 등의 매체를 통한 커뮤니케이션 활동으로 대행 수수료를 받는 경우이다. 사례로는 TV, 신문 등의 미디어 광고 게재를 말한다.
BTL	미디어를 통하지 않고, 직접 소비자를 대상으로 하는 커뮤니케이션 활동으로, 판매지원, 유통지원, 설문 조사 등

12 광고와 홍보의 차이점에 대하여 설명하시오.

답안 1) 광고는 광고면에, 홍보는 기사 면에 게재되며
2) 비용은 광고는 광고료를 지급하지만, 홍보는 비용이 지급되지 않는다.
3) 발신자가 광고는 광고주 명의이지만 홍보는 미디어 이름을 사용한다.
4) 광고는 게재일·지면·메시지 등을 광고주가 결정하지만, 홍보는 미디어가 결정한다.
5) 광고는 메시지 표현 융통성이 높고, 홍보는 소구도와 소비자 수용도가 높지만, 연출 효과가 작은 편이다.

KP 광고와 홍보의 비교

	광고	홍보
게재면	광고면	기사면
비용	비용 부담	비용 부담 없음
발신자	광고주 이름 사용	미디어 이름 사용
특징	• 게재일, 지면, 메시지를 광고주가 결정 • 메시지 표현의 융통성이 있음	• 소구도와 소비자 수용도가 높음 • 연출 효과가 작은 편

13 스포츠 조직의 일반적인 홍보 방법 4가지를 쓰시오.

답안 기자회견, 보도자료 제공, 현장 견학, 취재비 제공
암기 홍보 방법 : 〈홍보는 기보견취〉이다. 기자회견, 보도자료 제공, 현장 견학, 취재비 제공

KP 홍보 방법
❶ 기자회견
❷ 보도자료 제공
❸ 현장 견학
❹ 취재비 제공

14 인터넷 홍보의 특징 4가지를 쓰시오.

답안 1) 커뮤니케이션의 편리한 수단이며
2) 제작이 수월하고, 효과가 다양하며
3) 고객의 능동적 접촉과 빠른 확산이 가능하며
4) 실시간으로 반응이 나타난다.
암기 인터넷 홍보의 특징 : 〈인터넷 홍보는 편제빠실〉이다. 편리한 커뮤니케이션 수단, 제작 수월, 빠른 회신, 실시간 반응

KP 인터넷 홍보의 특징
❶ 커뮤니케이션의 편리한 수단
❷ 제작 편리성과 효과의 다양성
❸ 고객의 능동적 접촉과 빠른 확산
❹ 실시간 반응
❺ 24시간 지속 운영

3. 마케팅전략

01 마케팅전략의 개념을 설명하고, 마케팅전략으로, 사업부가 수행하는 세부 전략 3가지를 쓰시오.

답안 1) 마케팅전략이란 조직의 경영전략을 기반으로 하여 마케팅 분야의 목표를 수립하고, 시장, 경쟁 등에 관한 분석과 내부 자원을 효율적으로 활용하는 방안을 수립하는 전략이다.
2) 마케팅전략의 목적으로 사업부는 차별화전략, 비차별화전략, 집중전략을 선택해서 수행한다.

KP 마케팅전략

개념
경영전략을 기반으로, 마케팅 분야의 목표 수립, 시장·경쟁 등에 관한 분석과 내부 자원을 효율적으로 활용방안 수립하는 전략

세부 전략
❶ 차별화전략 ❷ 비차별화전략 ❸ 집중전략

02 시장을 세분화할 때 사용할 수 있는 전략은 차별화전략, 비차별화전략, 집중전략으로 구분할 수 있다. 각각의 개념을 설명하시오.

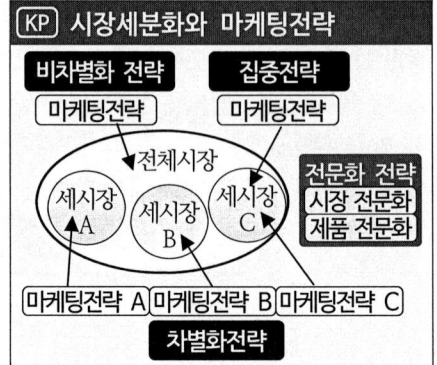

답안 1) 차별화전략은 시장을 적은 시장으로 세분화한 후 세시장의 욕구를 충족시켜 줄 수 있는 다른 마케팅전략을 적용하는 방법
2) 비차별화전략은 표적 시장의 특성을 고려하지 않고 똑같은 제품이나 서비스를 제공하는 마케팅전략이다.
3) 집중전략은 특정 세시장을 집중적으로 공략하는 전략이다.
참고 전문화 전략 : 아래의 문제 05 참조

03 차별화전략과 집중전략을 예를 들어 비교해서 설명하시오.

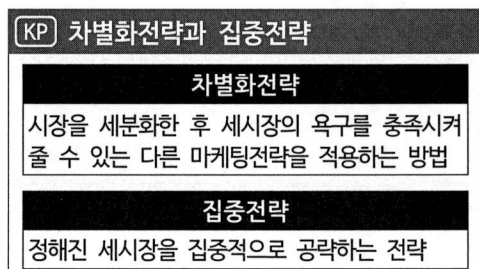

답안 1) 차별화전략이란 시장세분화 후 세시장의 욕구를 충족시켜 줄 수 있는 다른 마케팅전략을 적용하는 방법이다. 예는 축구 경기에서 학생과 군인의 입장권 가격을 할인해서 적용하는 것이다.
2) 집중전략이란 정해진 세시장을 집중적으로 공략하는 전략이다. 예를 들면 야구 경기 관람객 모집을 목적으로 특정 회사원에게 집중적으로 마케팅하는 것이다.

04 차별화전략의 장단점을 각각 3가지씩 쓰시오.

답안 1) 장점은 가격 경쟁을 회피할 수 있으며, 상품이 차별화될 수 있고, 높은 이익의 실현이 가능하며, 고객 충성도를 확보할 수 있다.
2) 단점은 경쟁자가 쉽게 모방할 수 있으며, 마케팅 비용이 증가하고, 차별화로 인한 원가가 상승할 수 있다.
참고 비차별화 전략의 장단점 : 출제 가능성은 거의 없다.

KP 차별화전략의 장단점

장점	단점
❶ 가격 경쟁 회피	❶ 경쟁자의 쉬운 모방
❷ 상품 차별화가 가능	❷ 마케팅 비용증가
❸ 높은 이익 실현	❸ 차별화로 인한 원가 상승
❹ 고객 충성도 확보	

참고 비차별화 전략의 장단점
장점	마케팅 비용 절감
단점	고객의 개별 욕구 충족에 미흡

05 축구용품을 생산하는 A 기업은 전문화 전략을 수립하고자 한다. 전문화 전략의 개념을 적고, 시장 전문화와 제품 전문화의 특성과 사례를 각각 쓰시오.

답안 1) 전문화 전략의 개념 : 핵심역량에 집중하여 특정 분야에서 경쟁력 확보를 위해 집중 지원하고, 핵심역량에 해당되지 않는 부분은 외부 협력사 활용 등으로 해결하는 전략을 말한다.
2) 시장 전문화는 특정 세분 시장의 고객을 대상으로, 다양한 제품을 제공하는 것으로, 사례는 노인 시장에 건강 제품, 안경, 의류 등을 파는 것이다.
3) 제품 전문화는 특정 제품을 핵심 축으로 하여, 다양한 고객을 공략하는 전략으로, 안경점, 스포츠 용품점 등이 사례이다.

KP 전문화 전략(special strategy)

개념	유형
기업이 핵심역량에 집중하여 특정 분야에서 경쟁력 확보를 위해 집중 지원하고, 나머지 부분은 외부 협력 등으로 해결하는 전략	❶ 시장 전문화 전략 ❷ 제품 전문화 전략 ❸ 기술 전문화 전략 ❹ 단계 전문화 전략

[06] 마케팅전략 평가의 개념을 적고, 평가하는 방법 3가지를 쓰시오.

답안 1) 마케팅전략 평가란 마케팅전략의 적정성, 목표설정의 타당성과 달성도 등을 전반적으로 평가하여 마케팅전략을 수정하거나 차후 계획수립에 반영하기 위한 활동을 말한다.
2) 마케팅전략 평가 방법은 판매실적 평가, 시장점유율 평가, 효율성 평가 등이다.

KP 마케팅전략 평가	
개념	방법
마케팅전략의 적정성, 목표설정의 타당성과 달성도 등을 전반적으로 평가하여 마케팅전략을 수정하거나 차후 계획수립에 반영하기 위한 활동	❶ 판매실적 평가 ❷ 시장점유율 평가 ❸ 효율성 평가

[07] 스포츠 조직이 시장에서의 지위에 따라 마케팅전략 목표를 달리해야 한다. 시장선도기업과 시장 도전기업의 마케팅전략 목표를 각각 쓰시오.

답안 1) 시장 선도기업의 마케팅전략 목표는 시장규모 확대, 시장점유율의 유지 또는 확대이며
2) 시장 도전기업의 마케팅전략 목표는 시장점유율 확대이다.

KP 시장 지위와 마케팅전략

	목표	전략
선도기업	• 시장규모 확대 • 시장점유율 유지/확대	• 시장 전체 수요 확대 : 제품 리포지셔닝으로 신규고객 창출 • 시장점유율 유지/확대 : 촉진 활동 강화 • 진입 장벽 강화와 경쟁우위 확보
도전기업	• 시장점유율 확대	• 선도기업과 차별화 강화 : 비용 우위로 상대적 저가 전략 • 제품 차별화 : 선도기업의 약점 공략
추종기업	• 적정 이윤 추구 • 안정적 시장 확보	• 모방 전략 : 선도기업의 전략 모방과 디자인, 가격 등 부분 차별화 • 저가 전략
틈새 기업	• 틈새시장에서 이미지 구축 • 틈새시장 선도 위치 확보	• 시장과 제품 특성화 • 틈새시장에서 전문성 확보와 상표인지도 유지 향상

암기 시장 지위와 마케팅전략 : 〈선도는 규모와 점유율 확대, 도전은 점유율 확대〉이다. 선도기업은 시장규모와 시장점유율을 확대, 도전기업은 시장점유율 확대를 목표

제4장 스포츠 스폰서십

1. 스포츠 스폰서십

01 스포츠 스폰서십의 유형 3가지를 쓰고, 그 의미를 각각 기술하시오.

[답안] 1) 공식 스폰서는 기업이 재화나 서비스를 제공하고, 그 대가로 로고, 엠블렘 등을 마케팅에 이용할 수 있는 권리를 획득하며
2) 공식공급업자는 기업이 필요한 물품, 서비스를 제공하고 그 대가로 마케팅 권리를 획득하며,
3) 공식상품화권자는 공식 스폰서와 비슷하지만, 권리 사용을 개최국 내로 한정한다.

KP 스포츠 스폰서십의 유형	
공식 스폰서	
기업이 재화나 서비스를 제공하고, 그 대가로 로고, 엠블렘 등을 마케팅에 이용할 수 있는 권리 획득	
공식공급업자	공식상품화권자
필요 물품·서비스를 제공하고 그 대가로 마케팅 권리 획득	공식 스폰서와 비슷하지만, 권리 행사를 개최국 내로 한정

[경향] 스포츠 스폰서십 유형의 출제 경향 : '스포츠 스폰서십 유형 3가지를 쓰시오'라고 출제되기도 했다.
[암기] 스폰서십 유형 : 〈스폰서십은 공공상〉이다. 공식 스폰서, 공식공급업자, 공식상품화권자

02 스포츠 스폰서십의 특성 3가지를 쓰시오.

[답안] 교환 행위, 기업 커뮤니케이션 수단, 권리자의 재원 마련 방법

KP 스포츠 스폰서십의 특성
❶ 교환 행위
❷ 기업의 커뮤니케이션 수단
❸ 권리자의 재원 마련 방법

03 스포츠 스폰서십의 필요성을 스포츠 주관자와 기업 입장에서 각각 3가지를 쓰시오.

[답안] 1) 스포츠 주관자의 입장 : ① 조직의 재정확보 수단 ② 스포츠의 보급과 활성화에 기여 ③ 스포츠 참여인구의 저변 확대
2) 기업의 입장 : ① 높은 커뮤니케이션 효과 ② 이미지 개선과 판매 증진에 기여 ③ 경제적 규제에 대한 회피 수단

KP 스포츠 스폰서십의 필요성
스포츠 조직 입장
❶ 조직의 재정확보 수단
❷ 스포츠 보급과 활성화에 기여
❸ 스포츠 참여인구의 저변 확대
❹ 비상업적 접근으로 인식
기업 입장
❶ 높은 커뮤니케이션 효과
❷ 이미지 개선과 판매 증진에 기여
❸ 경제 규제에 대한 회피 수단
❹ 상품 가치 증대

04 기업이 스포츠 스폰서십 참여를 통해 얻을 수 있는 기대 효과 3가지를 쓰시오.

[답안] 1) 기업(상품)의 인지도 제고, 2) 매출 증대, 3) 경쟁우위 확보, 4) 고객 커뮤니케이션 강화, 5) 판매 기회 확대, 6) 미디어 효과 증대
[암기] 기업의 스폰서십 참여 효과 : 〈기업 스폰서십은 인매경커판미〉이다. 상품 인지도 제고, 매체 효과 증대, 경쟁우위 확보, 고객 커뮤니케이션 강화, 판매 기회 확대, 미디어 효과 증대

KP 기업의 스포츠 스폰서십 참여 효과	
❶ 기업과 상품의 인지도 제고	❹ 고객 커뮤니케이션 강화
❷ 매출 증대	❺ 판매 기회 확대
❸ 경쟁우위의 확보	❻ 미디어 효과 증대

[05] 기업이 스폰서십에 참여할 때 적용해야 하는 원칙 4가지를 적고, 설명하시오.

답안 1) 독점성 : 스포츠 단체가 공식 스폰서만 권한을 부여하는 독점성을 확보해야 한다.
2) 통일성 : 브랜드와 로고 등의 자산을 통합하여 사용할 수 있는 권한을 획득한다.
3) 전문성 : 스폰서십 업무를 전문가가 담당한다.
4) 보완성 : 스폰서십은 물론 광고 우선 참여권 등의 권한도 획득한다.

암기 기업의 스폰서십 참여 원칙 : 〈기업 스폰서십 참여 원칙은 독통전보〉이다. 독점성, 통일성, 전문성, 보완성

KP 기업의 스폰서십 참여 원칙

독점성	통일성
공식 스폰서만 권한을 부여하는 독점성 확보	브랜드와 로고 등 자산의 통합 사용 권한 획득
전문성	보완성
스폰서십 업무를 전문가가 담당	스폰서십은 물론 광고 우선 참여권 등의 권한 획득

[06] 스포츠 단체가 스폰서십을 유치하기 위하여 잠재적 스폰서인 기업에 중점적으로 내세워야 할 제시사항을 5가지 쓰시오.

답안 1) 예상 효과 2) 앰부시 마케팅의 방지 방안 3) 매체 관련 사항 4) 요건의 준수 5) 정당한 이익 제공 방법

KP 스폰서십 유치를 위한 기업 제시사항
❶ 예상 효과 ❹ 앰부시 마케팅 방지 방안
❷ 매체 관련 사항 ❺ 정당한 이익 제공 방법
❸ 요건 준수

[07] Gray는 스포츠 스폰서십은 6가지 요인(6P)이 필요하다고 주장하였다. 6P 요인을 쓰시오.

답안 6P는 파트너십(partnership), 플랫폼(platform), 편재(presence), 선호(preference), 구매(purchase), 보호(protection) 등이다.

KP 스폰서십 6P
❶ 파트너십 ❹ 선호
❷ 플랫폼 ❺ 구매
❸ 편재 ❻ 보호

암기 스폰서십 6P : 〈스폰서십 6P는 파플편선구보〉이다. 파트너십, 플랫폼, 편재, 선호, 구매, 보호

참고 6P의 내용 설명

구분	내용
파트너십	스포츠 단체와 스폰서는 상호이익을 위해 동반자적 관계 형성
플랫폼	커뮤니케이션의 도구로, 기본 방향을 제시하는 중요한 역할 수행
편재	접근의 용이성, 스폰서십 획득의 용이성, 사용의 편리성 등
선호	상품 인지도 향상
구매	스폰서의 권리는 스폰서십을 활용하여 판매 증진에 기여
보호	스포츠 단체는 스폰서의 성과 향상을 위한 프로그램 제공

암기 스폰서십 6P : 〈6P는 파플편선구보〉이다. 파트너십, 플랫폼, 편재, 선호, 구매, 보호

[08] 스포츠 스폰서십의 효과를 측정하는 4가지 방법을 쓰시오.

답안 1) 미디어 노출량 측정 2) 고객 인지도 측정 3) 판매실적 측정 4) 비용에 따른 효과 측정

KP 스폰서십 효과 측정 방법
❶ 미디어 노출량 측정 ❹ 고객 피드백 측정
❷ 고객 인지도 측정 ❺ 비용에 따른 효과 측정
❸ 판매실적 측정

암기 스폰서십 효과 측정 방법 : 〈스폰서십 효과 측정은 노고실피효〉이다. 미디어 노출량·고객 인지도·판매실적·고객 피드백·비용에 따른 효과 측정

[09] 스포츠 스폰서십의 효과 측정이 어려운 이유 4가지를 쓰시오.

[답안] 1) 다른 마케팅믹스와 함께 활용된다.
2) 다른 마케팅믹스의 효과가 이월된다.
3) 마케팅 커뮤니케이션 변수의 시너지 효과가 존재한다.
4) 통제 불가능한 환경요인이 존재한다.
5) 매체 노출에 임의적 특성이 존재한다.

KP 스폰서십 효과 측정이 어려운 이유
❶ 다른 마케팅믹스와 함께 활용
❷ 다른 마케팅믹스의 효과 이월
❸ 마케팅 변수의 시너지 효과 존재
❹ 통제 불가능한 환경요인이 존재
❺ 매체 노출에 임의적 특성 존재

[10] 스포츠 스폰서십 효과를 분석할 때 매체 노출량으로 평가하는 중요한 이유를 3가지 쓰시오.

[답안] 1) 노출 시간, 노출 크기 등의 객관적 자료를 얻을 수 있다.
2) 효과 측정이 비교적 용이하다.
3) 다른 분석 방법의 근거 자료로 활용할 수 있다.

KP 매체 노출량 측정의 중요성
❶ 노출 시간과 크기 등의 객관적 자료 확보 가능
❷ 효과 측정 방법이 비교적 용이
❸ 다른 측정 방법의 근거 자료로 활용 가능

[11] 스포츠 스폰서십의 효과 분석을 위해 평가해야 할 사항을 3가지 쓰시오.

[답안] 1) 매체 노출 정도
2) 상품인지도 변화 정도
3) 계약 내용 이행 정도
4) 상품 판매 증가 정도

KP 스폰서십 효과 분석 평가 사항	
❶ 매체 노출 정도	❹ 소요 경비
❷ 상품인지도 변화 정도	❺ 상품 판매 증가 정도
❸ 계약 내용 이행 정도	

2. 앰부시 마케팅

[01] 앰부시 마케팅의 개념과 특징 4가지를 쓰시오.

[답안] 1) 앰부시 마케팅의 개념 : 공식 스폰서 권리가 없는 기업이 공식 스폰서인 것처럼 소비자를 현혹하여, 자신의 이익을 취하는 것은 물론 공식 스폰서의 기대 효과를 축소하기 위한 의도적 마케팅 활동
2) 앰부시 마케팅의 특징 : ① 사전 준비된 의도적 활동 ② 공식 스폰서 못지않은 소요 비용 ③ 공식 스폰서의 효과 약화 ④ 특정 상품의 판매촉진 목적

KP 앰부시 마케팅	
개념	
공식 스폰서의 권리가 없는 기업이 공식 스폰서인 것처럼 소비자를 현혹하여, 자신의 이익과 공식 스폰서의 효과를 축소하기 위해 전개하는 의도적 마케팅 활동	
특징	유형
❶ 사전 준비된 의도적 활동	❶ 경기 중계방송 광고 참여
❷ 공식 스폰서 못지않은 비용	❷ 복권, 경품 등의 이벤트 개최
❸ 공식 스폰서의 효과 약화	❸ 단체경기 참여 개별 선수와 계약
❹ 특정 상품의 판매촉진 목적	❹ 경기장 주변 광고

[경향] **앰부시 마케팅** : 앰부시 마케팅은 매복 마케팅이라고도 한다. 처음 시험이 시행된 후 6번 정도 출제되었는데 앰부시 마케팅 또는 매복 마케팅의 개념과 특징을 적으라고 각각 3번씩 출제되었다.

02 앰부시 마케팅의 유형 4가지를 쓰시오.

답안 1) 경기 중계방송에 광고 참여 2) 복권, 경품 등의 이벤트 개최 3) 단체경기에 참여하는 개별 선수와 계약 4) 경기장 주변 광고

암기 앰부시 유형 : 〈앰부시 유형은 중이선주〉이다. 중계방송 광고 참여, 이벤트 개최, 개별 선수 계약, 경기장 주변 광고

03 매복 마케팅의 활동 방지 방안을 4가지 쓰시오.

답안 1) 법적·제도적 장치 마련 2) 비공식 스폰서의 근본적 접근 제한 3) 광고와 홍보 등을 통해 공식 스폰서의 주지 4) 소비자에게 공식 스폰서임을 직접 주지

KP 매복 마케팅 방지 방안
1. 법적·제도적 장치 마련
2. 비공식 스폰서의 근본적 접근 제한
3. 광고와 홍보 등을 통해 공식 스폰서의 주지
4. 소비자에게 공식 스폰서임을 직접 주지

암기 매복 방지 : 〈매복 방지는 장근공주〉이다. 법적·제도적 장치, 접근 제한, 공식 스폰서 주지

3. 스포츠 조직의 스폰서십

01 IOC가 TOP 프로그램에 참여한 공식 스폰서에게 주는 혜택 5가지를 쓰시오.

답안 1) 올림픽 마크 사용권 2) 제품 우선 공급권 3) 차기 올림픽 후원 우선권 4) 홍보관 활용 5) 올림픽 기록보관소 활용

KP TOP 스폰서의 혜택
1. 올림픽 마크 사용권
2. 제품의 우선 공급권
3. 차기 올림픽 후원 우선권
4. 홍보관 활용
5. 올림픽 기록보관소 활용

보충 TOP(the Olympic partners) 프로그램 : 1985년 IOC에 의해 올림픽을 활용한 다양한 수입원 확보와 올림픽의 미래를 확고히 하고자 기업과의 장기적 파트너십을 구축할 목적으로 만들어졌다. 처음 시작은 1988 서울올림픽이었다. 전체적으로 9~12개 기업만 참여할 수 있으므로 세계적으로 유명한 기업이 아니면 참여하기 어렵다. 삼성전자가 무선통신 분야에 참여하고 있다.

02 IOC가 TOP 참여기업에 대한 의무를 3가지 쓰시오.

답안 1) 마크 등의 사용 사전 승인 2) 계약된 상품에만 사용 3) 로고 등의 변형 사용 금지 4) 올림픽에 부정적 영향을 미치는 행위 금지

KP TOP 참여자의 의무
1. 마크 등의 사용 사전 승인
2. 계약 상품에만 사용
3. 로고 등의 변형 사용 금지
4. 올림픽에 부정적 영향 행위 금지

03 FIFA가 운영하는 스폰서십 종류 3가지를 쓰시오.

답안 FIFA 파트너와 월드컵 스폰서, 내셔널 서포터 등 3단계로 구분 시행하고 있다.

KP FIFA 스폰서십

FIFA 파트너	월드컵 스폰서	내셔널 서포터
월드컵 포함 FIFA가 주관 모든 경기와 행사에 광고할 수 있는 권한을 가진 세계적 기업을 대상	월드컵 경기 중계방송에 광고할 수 있는 권한	월드컵 개최국 기업으로, 개최국 내의 광고 등에 참여할 권한

제5장 스포츠 브랜드와 라이선싱, 매체 관리

1. 스포츠 브랜드

01 스포츠 조직에서 브랜드를 통해 얻고자 하는 기대 효과 3가지를 쓰시오.

답안 1) 고객의 충성도를 확보하거나 강화할 수 있다.
2) 일정 수준의 품질을 보증할 수 있다.
3) 경쟁상품과 비교하여 상대적 우위를 확보할 수 있다.

> **KP 브랜드 기대 효과**
> ① 고객 충성도 확보와 강화
> ② 품질에 대한 보증
> ③ 경쟁상품 비교 상대적 우위 확보
> ④ 고객과의 커뮤니케이션 도구

02 스포츠 조직에서 브랜드를 구축하여 기대할 수 있는 효과 3가지를 쓰시오.

답안 1) 진입 장벽이 되어 경쟁자의 시장 진입을 억제한다.
2) 경쟁자에 비해 높은 가격을 받을 수 있다.
3) 브랜드 명성을 이용하여 신상품 출시가 수월하다.

> **KP 브랜드 구축 기대 효과**
> ① 진입 장벽으로 경쟁자 진입 억제
> ② 경쟁자 비교 높은 가격 실현
> ③ 브랜드 명성 이용 신상품 출시 수월

보충 브랜드 구축 기대 효과 : 위 문제 01은 브랜드의 기대 효과이고, 이 문제는 브랜드 구축의 기대 효과이다. 비슷하지만 차이가 있다.

03 브랜드로 인지도를 높이는 방법 3가지를 쓰시오.

답안 1) 기억하기 쉽고
2) 경쟁자의 브랜드와 구별될 수 있어야 하고
3) 상품의 편익을 암시할 수 있으며
4) 법적 보호를 받을 수 있어야 한다.

> **KP 좋은 브랜드의 조건**
> ① 쉬운 기억
> ② 경쟁 브랜드와 구별
> ③ 상품 편익 암시
> ④ 법적 보호

04 브랜드 인지도의 개념을 적고, 브랜드 인지도 3가지를 구분해서 설명하시오.

답안 1) 브랜드 인지도 : 소비자가 한 제품범주에 속한 특정 브랜드를 인식하거나 회상할 수 있는 정도
2) 브랜드 인지도의 구분
① 보조인지 : 특정 브랜드를 알아보는 정도의 약한 인지 수준
② 비보조 상기 : 특정 브랜드를 기억할 수 있는 정도의 인지 수준
③ 최초 상기 : 구매 욕구가 발생하면 가장 먼저 떠올릴 정도의 강력한 인지 수준

> **KP 브랜드 인지도**
>
> | 개념 | 구분 |
> |---|---|
> | 소비자가 한 제품범주에 속한 특정 브랜드를 인식하거나 회상할 수 있는 정도 | ① 보조인지 : 특정 브랜드를 알아보는 정도의 약한 인지 수준
② 비보조 상기 : 특정 브랜드를 기억할 수 있는 정도의 인지 수준
③ 최초 상기 : 구매 욕구가 발생하면 가장 먼저 떠올릴 정도의 강력한 인지 수준 |

05 D. Aaker는 브랜드 자산의 구성 요소를 (A), (B), 브랜드 연상(brand association), (C), 독점적 자산으로 표현하였다. ( ) 속에 들어갈 적합한 용어를 쓰시오.

답안 (A) 브랜드 충성도 (B) 브랜드 인지도 (C) 지각된 품질

보충 **브랜드 자산의 개념** : 상품은 실질적 품질보다 브랜드를 통해 차별화되는 경우가 많으므로 브랜드의 자산적 가치를 인정하며, 브랜드와 관련된 자산과 부채의 합계이다. (아이커의 주장)

인명 **아이커(David Allen Aaker)** : 미국의 조직 이론가이며, 캘리포니아 대학교 버클리 하스 경영대학원의 명예 교수이다.

KP	브랜드 자산(brand equity)
개념	
상품은 품질보다 브랜드를 통해 차별화되는 경우가 많으므로 브랜드의 자산적 가치를 인정하며, 브랜드와 관련된 자산과 부채의 합계이다.	
구성 요소	
❶ 브랜드 충성도 ❹ 브랜드 연상 이미지 ❷ 브랜드 인지도 ❺ 독점적 브랜드 자산 ❸ 지각된 품질	

06 프로스포츠팀은 브랜드를 통해 자산적 가치를 높일 수 있다. 브랜드 자산적 가치를 구성하는 요소 4가지를 쓰시오.

답안 1) 브랜드 충성도 2) 브랜드 인지도 3) 지각된 품질 4) 브랜드 연상 이미지 5) 독점적 브랜드 자산

07 브랜드 자산이 발전하는 단계를 4가지 쓰시오.

답안 1) 브랜드 인지 단계 : 고객의 마음속에 브랜드가 알려지는 단계
2) 이미지 구축 단계 : 브랜드에 대한 친숙한 이미지를 구축하는 단계
3) 자산가치화 단계 : 브랜드가 자산적 가치를 쌓아가는 단계
4) 로열티 형성 단계 : 브랜드 충성도가 형성되는 단계

KP	브랜드 자산 발전단계
❶ 브랜드 인지 단계	고객의 마음속에 브랜드가 알려지는 단계
❷ 이미지 구축 단계	브랜드에 대한 친숙한 이미지를 구축하는 단계
❸ 자산 가치화 단계	브랜드가 자산적 가치를 쌓아가는 단계
❹ 로열티 형성 단계	브랜드 충성도가 형성되는 단계

08 브랜드 확장과 브랜드 강화의 개념을 설명하시오.

답안 1) 브랜드 확장 : 기존 브랜드를 신제품에 사용하거나 유사한 브랜드를 사용하여, 소비자로부터 브랜드의 연관성을 갖도록 하는 활동으로, 기존 브랜드의 자산을 다른 상품에 활용할 수 있다.
2) 브랜드 강화 : 소비자의 마음속에 존재하는 기존 브랜드에 대한 인식을 더욱더 호의적이거나 독특하게 인식시키려는 활동을 말한다.

KP	브랜드 확장과 브랜드 강화
브랜드 확장	
기존 브랜드와 다른 상품군에 속하는 신제품에 기존 브랜드를 사용하여 소비자로부터 브랜드 연관성을 갖도록 한다.	
브랜드 강화	
소비자의 마음속에 존재하는 기존 브랜드에 대한 인식을 더 호의적이거나 독특하게 인식시키려는 활동	

09 브랜드 확장의 장점과 위험을 각각 3가지 쓰시오.

답안) 1) 브랜드 확장의 장점
① 기존 브랜드 강점 활용으로 쉽게 신규시장에 진출할 수 있다.
② 신규 브랜드 런칭에 따른 비용과 시간 절감
③ 브랜드 개발에 필요한 시간과 비용 절감
④ 성공하면 원 브랜드 이미지를 강화시킨다.
2) 브랜드 확장의 위험
① 원 브랜드의 이미지가 희석되거나 타격을 받을 수 있다.
② 유통업자의 저항에 직면할 수 있다.
③ 소비자 혼란으로 원 브랜드의 이미지가 나빠질 수 있다.
④ 새로운 브랜드에 리스크가 발생하면 원 브랜드에 영향을 줄 수 있다.

KP 브랜드 확장
브랜드 확장의 장점
❶ 기존 브랜드 강점 활용으로 신규시장 진출 수월
❷ 신규 브랜드 개발과 런칭 비용·시간 절감
❸ 규모의 경제 효과와 전시적 효과
❹ 확장이 성공하면 원 브랜드의 이미지가 강화
브랜드 확장의 위험
❶ 원 브랜드의 이미지 희석 또는 타격
❷ 유통업자의 저항
❸ 소비자 혼란으로 원 브랜드 이미지 추락 가능
❹ 리스크 발생 시 원 브랜드 이미지에 타격

10 브랜드 인지도와 브랜드 충성도의 개념을 각각 설명하시오.

답안) 1) 브랜드 인지도 : 소비자가 한 제품범주에 속한 특정 브랜드를 인식하거나 회상할 수 있는 정도
2) 브랜드 충성도 : 소비자가 특정 브랜드에 대해 갖는 호감 또는 애착 정도

KP 브랜드 인지도와 충성도
브랜드 인지도
소비자가 한 제품범주에 속한 특정 브랜드를 인식하거나 회상할 수 있는 정도
브랜드 충성도
소비자가 특정 브랜드에 대해 갖는 호감 또는 애착 정도

2. 스포츠 라이선싱

01 다음 ( ) 안에 알맞은 것을 쓰시오.

> 라이선싱은 상표 등록된 재산권을 가지고 있는 개인 또는 단체가 타인에게 대가를 받고 그 재산권을 사용할 수 있도록 상업적 권리를 부여하는 계약이다. 즉 (A)가 어떤 형태의 대가를 받기 위하여 경제적 가치가 있는 특허권, 노하우(know-how), 상표권, 그리고 브랜드 이름 등 각종 자산의 사용을 (B)에게 허락하는 계약을 말한다. 즉, 상표 등 지적 재산권에 대하여 권리를 보유하고 있는 자가 일정한 범위에서 타인에게 지적 재산권의 사용을 허락하고 그 대가로 (C)를 받는 행위를 말한다.

답안) A : 라이선서, B : 라이선시, C : 금전적 대가

KP 라이선서와 라이선시	
❶ **라이선서**(Licensor)	❷ **라이선시**(Licensee)
스포츠 단체	기업
본래 권리를 가진 조직	상품화·판촉 활용 기업

사용 권리 → / ← 대가 지불

02 라이선싱의 개념과 스포츠 단체에서 라이선시를 선정할 때 고려하는 기준 5가지를 쓰시오.

답안 1) 라이선싱이란 스포츠 조직이 가진 권리를 일정 기간 사용하기 위해 대가를 지불하고 상업적 권리를 부여받는 계약을 말한다.
2) 라이선시를 선정할 때 고려해야 하는 기준
① 품질을 보증할 수 있는 능력을 갖추어야 하고
② 안정적 재정 상태가 유지되어야 하며
③ 마케팅전략이 체계화되어 있어야 하고
④ 소비자에게 좋은 이미지를 갖고 있으며
⑤ 라이선싱에 참여한 경험이나, 라이선싱 기술이 축적되어 있을 것

KP 라이선싱의 개념과 라이선시 선정 고려사항

개념	라이선싱 선정 고려사항
다른 사람(조직)이 가진 소유권을 일정 기간 사용하기 위해 대가를 지불하고 사용 권리를 부여받는 계약	❶ 품질보증 능력과 이에 대한 증빙 ❷ 안정적 재정 상태를 유지하고 ❸ 체계적 마케팅전략이 수립되어야 하고 ❹ 소비자에게 좋은 이미지를 갖고 있으며 ❺ 라이선싱 기술이 축적되어야 한다.
라이선서(스포츠 단체) 사용 권리 → 라이선시(기업)	
본래 권한을 가진 조직 ← 대가 지불 상품화·판촉 활용 기업	

---

03 스포츠 라이선싱의 기대 효과를 스포츠 조직의 관점과 기업의 관점에서 각각 3가지씩 설명하시오.

답안 1) 스포츠 조직 기대 효과 : ① 수입 증대 ② 관련 기업과 파트너 관계 형성 ③ 조직의 홍보 효과 ④ 스포츠 활성화
2) 기업 기대 효과 : ① 판매 증진 ② 고객의 커뮤니케이션 강화 ③ 신뢰 획득 ④ 수익성 강화

암기 스폰서십 기대 효과 : 〈조직은 수파홍활, 기업은 판커신수〉이다. 스포츠 조직은 수입 증대, 기업과 파트너 관계 형성, 홍보 효과, 스포츠 활성화이고, 기업은 판매 증대, 고객 커뮤니케이션 강화, 신뢰 획득, 수익성 강화

KP 라이선싱 기대 효과

스포츠 조직의 관점
❶ 수입 증대
❷ 관련자와 파트너 관계 형성
❸ 조직의 홍보 효과 거양
❹ 스포츠 활성화

기업의 관점
❶ 판매 증대
❷ 고객 커뮤니케이션 강화
❸ 신뢰 획득
❹ 수익성 강화

---

04 라이선싱의 종류 4가지를 쓰시오.

답안 1) 판매 라이선싱 : 로고 또는 캐릭터 등을 제품에 붙여 판매할 수 있는 라이선싱
2) 촉진 라이선싱 : 기업의 촉진 활동(광고, PR, 촉진)을 강화할 목적의 라이선싱
3) 독점 라이선싱 : 한 제품만 라이선싱 계약하는 경우
4) 공동 라이선싱 : 여러 제품과 함께 라이선싱 하는 경우

KP 라이선싱의 종류

판매 라이선싱	촉진 라이선싱
로고 또는 캐릭터 등을 제품에 붙여 판매할 수 있는 라이선싱	기업의 촉진 활동 강화 목적 라이선싱
독점 라이선싱	**공동 라이선싱**
제품 하나만 선정한 라이선싱	2 이상이 공동으로 참여하는 라이선싱

05 스포츠 라이선싱에서 상표 사용권자와의 계약 형태 중 독점적 계약 방법, 비독점적 계약 방법, 광고적 계약 방법을 각각 설명하시오.

답안 1) 독점적 계약 방법 : 라이선싱 범위가 특정 방법 또는 특정 지역에 대해 독점적 권리를 얻는 방법
2) 비독점적 계약 방법 : 라이선싱 범위가 특정 방법 또는 특정 지역에 대해 동일한 범위를 둘 이상의 라이선시에게 상업적 권리를 부여하는 방법
3) 광고적 계약 방법 : 라이선싱은 대부분 상품 판매를 목적으로 하지만 판매 목적이 아니고, 광고 또는 판매촉진에 활용하기 위한 목적으로 권리를 획득하는 방법이다.

06 다음 중 ( ) 속에 들어갈 적합한 것을 쓰시오.

( )은(는) 상표 등록된 재산권을 가지고 있는 개인 또는 단체가 타인에게 대가를 받고 그 재산권을 사용할 수 있도록 상업적 권리를 부여하는 계약이다. 이는 계약을 하고 특허권, 상표권 등을 사용하고, 매출액의 6~10%를 지급하는 것이 일반적이다.

답안 라이선싱

07 라이선싱 사업에서 지적재산권 소유자(라이선서)에게 상표 사용권 등을 획득한 사업자(라이선시)가 다음과 같은 1년 기한에 대가 지불 계약을 체결한 후 연간 매출액이 2억원이라면 결산 시점에서 라이선시가 라이선서에게 추가로 지불해야 할 로열티가 얼마인지 설명하시오. 계산과정도 적으시오.

- 관리소유자에게 계약체결 시점에서 최소 보장금 1,000만원을 선급 지급
- 로열티 매출액의 10%로 결정

답안 매출액의 10%를 로열티로 제공하기로 하였으며, 계약에 따라 선급금을 1억원을 먼저 지급하였다. 이를 계산하면 200,000,000원×0.1-10,000,000원=10,000,000원

08 스포츠 라이선싱 계약을 체결할 때 기업관점에서의 핵심조항 6가지를 쓰시오.

답안 1) 계약금액
2) 계약 기간
3) 라이선싱 제품의 범위
4) 계약 독점성 여부
5) 지적 재산권과 디자인 소유권
6) 분쟁 발생 시 해결 방법
7) 비밀과 보안 유지 방법

KP 라이선싱 계약의 기업관점 핵심조항
❶ 계약금액   ❺ 지적 재산권과 디자인 소유권
❷ 계약 기간   ❻ 분쟁 발생 시 해결 방법
❸ 라이선싱 제품 범위 ❼ 비밀과 보안 유지 방법
❹ 계약 독점성 여부

3. 스포츠 매체 관리

01 스포츠와 미디어의 관계를 설명하고, 각각의 중요한 역할 3가지를 쓰시오.

답안 1) 스포츠와 미디어는 상호 보완적 관계이다.
2) 스포츠와 미디어의 중요한 역할
① 스포츠는 콘텐츠를 제공하여 미디어의 판매를 증대시키고, 광고 수익을 올리도록 하며, 미디어 인지도를 상승시킨다.
② 미디어는 스포츠에 재정적 지원을 하며, 스포츠 활동을 촉진하고, 스포츠에 대한 인식을 제고시키며, 스포츠 기술발전을 지원한다.

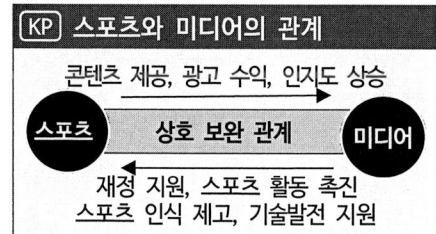

경향 **스포츠와 미디어의 관계** : '스포츠가 미디어에 미치는 영향과 미디어가 스포츠에 미치는 영향을 각각 3가지씩 쓰시오.'라고 출제되기도 했다. 비슷한 답안이 요구된다. 아래 문제 02와 구분할 수 있어야 한다.

02 미디어가 스포츠 미치는 긍정적 영향과 부정적 영향을 각각 3가지씩 쓰시오.

답안 1) 긍정적 영향 : 스포츠 발전에 기여, 경기력 향상에 이바지, 재정적 지원
2) 부정적 영향 : 스포츠에 대해 부당한 간섭, 미디어 취향에 맞게 스포츠를 변형, 지나친 상업주의

KP 미디어가 스포츠에 미치는 영향

긍정적 영향
❶ 스포츠 정보 제공으로 발전에 기여
❷ 경기력 향상에 이바지
❸ 재정적 지원
❹ 스포츠의 올바른 발전 방향 제시
❺ 선수와 팬에게 교육적 내용 전파

부정적 영향
❶ 스포츠에 대해 부당한 간섭
❷ 미디어 취향에 맞게 스포츠를 변형
❸ 지나친 상업주의

03 미디어의 영향으로 스포츠에 일어난 변화 3가지를 쓰시오.

답안 1) 미디어 시청자의 편의와 흥미 유발을 위해 유니폼, 용구 등의 색상 다양화
2) 미디어 편성 편의를 위한 경기 규칙 변경(예: 야구 경기의 승부치기 제도, 농구의 3점 슛 제도)
3) 중계방송을 위해 빅 이벤트와 인기 스포츠 등의 주요경기 일정 특정 시간대 편성

KP 미디어의 영향으로 바뀐 스포츠 환경
❶ 유니폼, 용구 등의 색상 다양화
❷ 경기 규칙의 일부 변경
❸ 빅 이벤트 등의 일정 특정 시간대 편성

04 방송중계권은 관람 스포츠비즈니스에서 거래되는 가장 중요한 권리라고 할 수 있다. 방송중계권 거래에 개입하는 비즈니스 핵심 주체를 3가지 쓰시오.

답안 1) 방송국 2) 스포츠 조직 3) 광고주

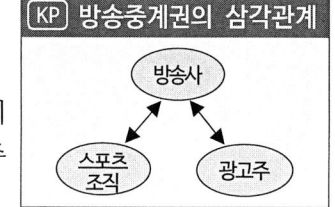

참고 **방송중계권의 특징** : 경영학에서 사용되는 대부분의 삼각관계는 3가지 주체가 상호 관련성을 갖고 있지만, 방송중계권에서는 스포츠 조직과 광고주는 직접 연관 관계를 갖지 않는다.

[05] 스포츠 중계와 관련하여 스포츠 단체가 선정하는 주관방송사의 개념과 역할 3가지를 쓰시오.

[답안] 1) 주관방송사는 스포츠 이벤트의 중계를 직접 담당하는 방송사로, 국제신호로 제작하며, 다른 방송사에 프로그램 판매권을 갖는다.
2) 스포츠 이벤트에서 주관방송사는 국제신호로 프로그램 제작, 방송 관련 기획과 장비·통신 시설 등의 운영, 관련 기관과 협력 등의 업무를 수행한다.

KP 주관방송사
개념
중계를 직접 담당하는 방송사로, 국제신호로 제작하며, 다른 방송사에 프로그램 판매권을 갖는다.
유형
❶ 국제신호로 프로그램 제작
❷ 방송 관련 기획
❸ 장비·통신 시설 등의 운영, 관련 기관과 협력 등의 업무를 수행

[06] 디지털 위성방송의 원리와 위성방송의 장점 3가지를 쓰시오.

[답안] 1) 위성방송은 위성체를 이용하여 방송을 송수신하며, 디지털 기술을 도입하여 디지털 신호 형태로 전송하는 방송이다.
2) 위성방송의 장점 : 선명한 화질, 난시청 지역이 거의 없고, 태풍 등 자연재해, 전쟁 등에도 방송 가능

KP 위성방송
개념
위성체를 이용하여 방송을 송수신하며, 디지털 기술을 도입하여 디지털 신호 형태로 전송하는 방송
장점
❶ 선명한 화질
❷ 난시청 지역이 거의 없다.
❸ 태풍 등 자연재해, 전쟁 등에도 방송 가능

[07] 보편적 시청권(universal access right)을 설명하시오.

[답안] 보편적 시청권이란 국민적 관심이 많은 스포츠 경기에 대해 특정 방송사가 독점 중계할 수 없도록 만든 규정을 말한다.

KP 보편적 시청권
국민적 관심이 많은 스포츠 경기에 특정 방송사의 독점중계 금지 규정

제3과목 스포츠산업

세 부 목 차

제1장 스포츠산업 환경분석 … 88
1. 스포츠와 스포츠산업 … 88
2. 스포츠산업 환경 … 90
3. 스포츠산업의 정책과 제도 … 92

제2장 스포츠 수요와 공급 … 93
1. 스포츠 소비 … 93
2. 스포츠 소비 집단 … 96
3. 고객관리 … 102

제3장 스포츠 선수 시장 … 104
1. 프로스포츠 … 104
2. 스포츠 에이전트 … 106

제1장 스포츠산업 환경분석

1. 스포츠와 스포츠산업

01 스포츠산업의 특성 4가지를 쓰시오.

답안 1) 유·무형의 복합적 구조 2) 공간과 입지의 중시 3) 시간 소비형 4) 오락성 5) 건강과 감동 지향

암기 **스포츠산업의 특성** : 〈스포츠산업은 유공시오건〉이다. 유무형의 복합적 구조, 공간과 입지 중시, 시간 소비형, 오락성, 건강과 감동 지향

KP 스포츠산업의 특성
❶ 유·무형의 복합적 구조
❷ 공간과 입지의 중시
❸ 시간 소비형
❹ 오락성
❺ 건강과 감동 지향

02 스포츠 서비스상품의 특성 4가지를 쓰고, 이를 설명하시오.

답안 1) 무형성이란 일정하게 정해진 형태가 없다는 것을 말하고
2) 비분리성이란 생산과 소비가 동시에 일어나므로 분리할 수 없으며
3) 이질성이란 가변적 요소가 많고, 개인에 따라 서비스 내용이 상이하게 느끼고
4) 소멸성이란 보관할 수 없으며, 경기가 끝나면 소멸한다.

경향 **스포츠 서비스상품의 특성 출제 경향** : '스포츠의 서비스적 특성 4가지를 쓰고, 이를 설명하시오'라고도 출제되었다. 이 문제 01과의 차이점은 '서비스'라는 용어의 포함 여부로 구분해야 한다.

암기 **서비스의 특성** : 〈서비스는 무비이소〉이다. 무형성, 비분리성, 이질성, 소멸성

KP 스포츠 서비스상품의 특성	
무형성	**이질성**
실체를 볼 수 없으며, 정해진 형태가 없다.	가변적 요소가 많고, 서비스 품질이 모두 다르다.
비분리성	**소멸성**
생산과 동시에 소비되므로 분리가 불가능	보관할 수 없으며, 구매된 서비스도 경기 후 소멸

03 스포츠 상품을 팀 관련, 조직 관련, 시장 관련 요인으로 구분할 때 각각의 하위요인에 해당하는 사항을 각각 2가지씩 쓰시오. -팀 관련 요인, -조직 관련 요인, -시장 관련 요인

답안 1) 팀 관련 요인 : 팀의 로고, 선수 유니폼 광고권
2) 조직 관련 요인 : 경기개최권, TV 중계권
3) 시장 관련 요인 : 스포츠 의류, 스포츠용품 등의 생산과 판매
4) 선수 관련 요인 : 선수 초상권, 인도스먼트, 선수 트레이드

보충 **스포츠 상품의 분류** : Mullin의 이론으로, Mullin의 스포츠 상품 분류라고도 한다.

보충 **선수 관련 요인** : 문제에서는 3가지만 물었지만, 선수 관련 요인도 포함해서 암기하는 것이 좋다.

KP 스포츠 상품의 분류	
팀 관련 요인	**시장 관련 요인**
팀 로고 사용권, 선수 유니폼 광고권	스포츠 의류, 스포츠용품 등의 생산과 판매
선수 관련 요인	**조직 관련 요인**
선수 초상권, 선수 트레이드	경기개최권, TV 중계권, 경기 명칭 사용권

04 스포츠산업의 특수산업분류에서 스포츠시설운영업의 세세 분류 5가지를 쓰시오.

답안 경기장 운영업, 참여 스포츠시설운영업, 골프장·스키장운영업, 수상스포츠시설운영업, 기타 스포츠시설운영업 등이다.

참고 **스포츠산업 특수산업분류** : 스포츠산업 특수산업분류는 대분류〉중분류〉세분류〉세세분류로 분류되어 매우 복잡하다. 자세한 분류표는 아래 URL 또는 QR코드로 확인할 수 있다.
https://vo.la/aFjdls
실기시험에 출제될 수 있는 부분만 요약하면 아래와 같다.

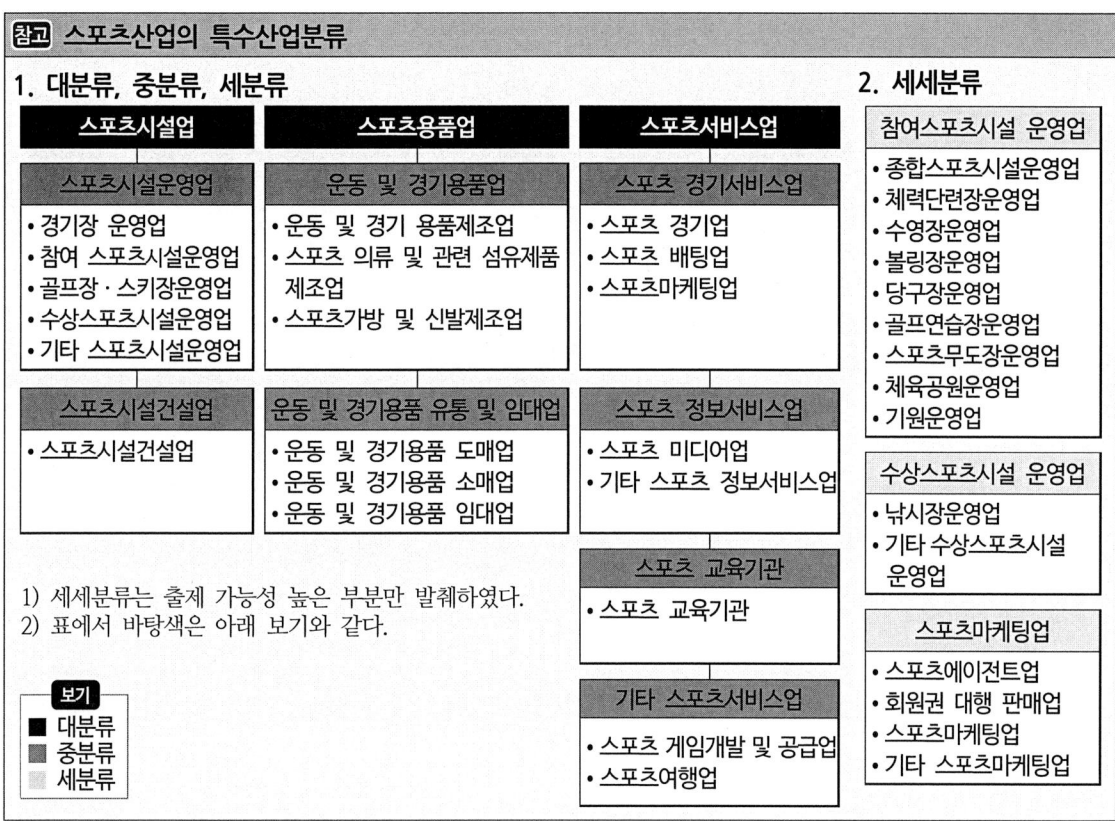

암기 **스포츠서비스업의 중분류** : 〈서비스업은 경정교기〉이다. 경기서비스업, 정보서비스업, 교육기관, 기타
암기 **스포츠시설운영업의 중분류** : 〈시설운영업은 경참골수기〉이다. 경기장 운영업, 참여 스포츠시설운영업, 골프장·스키장운영업, 수상스포츠시설운영업, 기타 스포츠시설운영업
암기 **스포츠경기서비스업의 세분류** : 〈경기서비스업은 경배마〉이다. 경기업, 배팅업, 마케팅업
암기 **참여스포츠시설 운영의 세세분류** : 〈참여스포츠시설 운영업은 골프, 스키 빼고 대부분 종목〉이다. 종합스포츠시설·체력단련장·수영장·볼링장·당구장·골프연습장·스포츠무도장·기원 등의 운영업과 체육공원업이다.

05 스포츠산업의 특수산업분류에서 스포츠서비업의 중분류 4가지를 쓰시오.

답안 스포츠서비스업의 중분류는 스포츠경기서비스업, 스포츠정보서비스업, 스포츠교육 기관, 기타 스포츠서비스업, 종합스포츠시설운영업, 체육공원운영업, 기원운영업

06 아래 내용 중 참여 스포츠시설운영업에 해당하는 것을 모두 고르시오.

> 체력단련시설운영업, 수영장운영업, 볼링장운영업, 당구장운영업, 골프연습장운영업, 스포츠무도장운영업, 낚시장운영업, 골프장운영업, 스키장운영업, 요트장운영업

답안 체력단련시설운영업, 수영장운영업, 볼링장운영업, 당구장운영업, 골프연습장운영업, 스포츠무도장운영업 등이다.

07 스포츠산업의 특수산업분류에서 대분류 스포츠시설업, 중분류 스포츠시설운영업, 세분류 참여스포츠시설업의 산업분류명을 4가지를 적으시오.

답안 종합스포츠시설운영업, 체력단련시설운영업, 수영장운영업, 볼링장운영업 등이다. 이외에도 당구장운영업, 골프연습장운영업, 스포츠무도장운영업, 기원운영업과 체육공원업 등이 있다.

2. 스포츠산업 환경

01 스포츠시설에 필요한 SWOT 분석을 설명하고, 이에 사용하는 4가지 요인을 쓰시오.

답안 SWOT 분석은 경영환경을 분석·조사하는 방법으로, 조직이 앞으로 나아갈 전략 방향을 도출하는 분석 방법이다. 4가지 요인은 강점과 약점, 기회와 위협 요인으로, 강점과 약점은 조직의 내부환경이며, 기회와 위협은 외부환경에 해당한다.

용어 **SWOT** : 강점(strength), 약점(weakness), 기회(opportunity), 위협(threat)

KP SWOT 분석

개념		
외부환경을 분석하여 기회와 위협 요인을 발견하고, 조직 내부의 강점과 약점을 파악하여 조직에 적합한 전략 방향을 분석하는 방법	S 강점	W 약점
	기회 O	위협 T

02 우리나라 스포츠산업에 관한 SWOT 분석을 설명하시오.

답안
1) 강점은 여러 산업과 연계되어 복합적 구조로 되어 있으며
2) 약점은 스포츠가 외부 환경변화에 많은 영향을 받기 때문에 불확실성이 강하다.
3) 기회 요소는 스포츠 시장의 성장 잠재력이 매우 높아 앞으로 더욱 발전할 것이며
4) 위협 요소는 시장의 성장과 함께 경쟁이 더욱 치열해질 것이며, 세계적 유명기업의 진출로 이들과 경쟁해야 한다.

KP 우리나라 스포츠산업의 SWOT 분석

개념
외부환경을 분석하여 기회와 위협 요인을 발견하고, 내부의 강점과 약점을 파악하여 조직에 적합한 전략 방향을 분석하는 방법

스포츠산업의 SWOT 분석
❶ 강점 : 여러 산업과 연계된 복합적 구조
❷ 약점 : 외부 환경변화 영향이 많아 불확실성 증대
❸ 기회 : 시장 성장과 발전 가능성이 크다.
❹ 위협 : 치열한 경쟁 시장과 세계 유명기업의 진출

[03] 국내 스포츠산업 환경을 SWOT에 의해 분석할 때 기회(O) 요인을 4가지를 쓰시오.

답안 1) 세계 스포츠 시장이 지속적으로 성장하고 있으며
2) 건강 등 삶의 질에 대한 가치관의 변화
3) 인구 고령화로 인해 건강에 관한 관심이 고조
4) 생활체육 활성화에 따른 스포츠 참여 인구증가

KP SWOT 분석의 기회 요인
❶ 세계 스포츠 시장의 지속적 성장
❷ 건강 등 삶의 질에 대한 가치관 변화
❸ 인구 고령화로 건강에 관한 관심 고조
❹ 생활체육 활성화로 스포츠 참여 인구증가

[04] 다음의 주어진 상황은 우리나라 스포츠산업의 SWOT 분석 내용이다. 각각의 상황을 SWOT의 적합한 곳에 배치하여 표를 완성하시오.

상황	적용	
-유명선수의 영입	S	(A)
-스포츠산업의 장기적 불황	W	(B)
-감독의 능력 부족	O	(C)
-주 5일제 근무제의 확대	T	(D)

답안 (A) 유명선수의 영입 (B) 감독의 능력 부족
(C) 주 5일제 근무제의 확대 (D) 스포츠산업의 장기적 불황

[05] SWOT 분석은 외부환경의 기회 요인과 위협 요인, 내부환경의 강점과 약점을 파악하여 전략을 수립한다. 각 분면별로 필요 전략을 쓰시오.

답안 SO 분면은 공격전략, ST 분면은 다각화전략, WO 분면은 안정전략, WT 분면은 방어전략이다.

KP SWOT의 분면별 전략

분면별 전략

		외부환경	
		기회(O)	위협(T)
내부환경	강점(S)	S-O 전략 기회 활용의 강점 사용 전략 (공격전략)	S-T 전략 위협 회피를 위한 강점 사용 전략 (다각화전략)
	약점(W)	W-O 전략 약점 극복과 기회 활용 전략 (안정전략)	W-T 전략 위협 회피와 약점 최소화 전략 (방어전략)

분면별 전략 요약

	기회(O)	위협(T)
강점(S)	S-O 공격전략	S-T 다각화전략
약점(W)	W-O 안정전략	W-T 방어전략

[06] 아래 표는 SWOT 분석 결과이다. ( ) 속에 들어갈 적절한 전략을 차례대로 쓰시오.

• 젊은 여성을 주 고객으로 한 인증받은 프로그램 제공 • 프로그램 다양화를 통한 선택의 폭과 고객의 욕구에 부합	(A) 전략
• 프로그램을 이용해 볼 수 있도록 개업 1개월 동안 70% 할인 행사 • 점진적으로 남성 프로그램 개발을 통한 가족 단위 프로그램 운영	(B) 전략
• 미모 지상주의의 인식을 제거하기 위한 모든 여성이 이용할 수 있는 분위기 제공 • 소비 급성장에 따른 고소득층을 위한 개별 프로그램 운영	(C) 전략
• 저가 지향 프랜차이즈와 차별화된 고품격 프로그램 제공 • 쿠폰제 및 패키지 할인제를 통한 다양한 고객 확보	(D) 전략

답안 A : S-O, B : W-O, C : S-T, D : W-T

07 스포츠산업이 다른 산업에 비해 성장률이 높은 편이다. 이의 배경을 4가지 쓰시오.

[답안] 1) 고령화의 진전과 건강에 관한 관심 고조
2) 근로시간의 단축과 여가시간의 증대
3) 세계적 스포츠 이벤트의 유치와 성공적 개최
4) 세계적 유명 스포츠 스타 배출
5) 프로스포츠의 발전

[경향] 스포츠산업의 성장배경 출제 경향 : KP에서는 8가지가 나와 있지만, 5가지 정도 기억하면 된다.

[KP] 스포츠산업의 성장배경
❶ 고령화 진전과 건강에 관한 관심 고조
❷ 근로시간의 단축과 여가시간의 증대
❸ 개인의 실질 소득 증가
❹ 스포츠를 통한 인간관계의 증진
❺ 세계적 스포츠 이벤트의 성공적 개최
❻ 세계적 유명 스포츠 스타 배출
❼ 프로스포츠의 발전
❽ 생활체육의 활성화

---

08 스포츠산업의 발전을 예상할 수 있는 요인 4가지를 쓰시오.

[답안] 1) 고부가가치 산업 2) 높은 성장 잠재력
3) 세계적 공통 산업 4) 미디어적 가치 증대

[암기] 스포츠산업 발전 전망 : 〈스포츠산업 발전 전망은 고성공미〉이다. 고부가가치 산업, 높은 성장 잠재력, 세계적 공통 산업, 미디어적 가치 증대

[KP] 스포츠산업의 발전 전망
❶ 고부가가치 산업
❷ 성장 잠재력
❸ 세계적 공통 산업
❹ 미디어 가치 증대

---

3. 스포츠산업 정책과 제도

01 스포츠용품 품질인증제도를 설명하고, 이를 구성하는 내용 4가지를 쓰시오.

[답안] 1) 스포츠용품의 품질향상과 국제경쟁력 강화를 위해 스포츠용품 인증제도를 도입하여, 스포츠 활동에 사용되는 용품의 품질과 기능을 과학적으로 평가하여 우수제품을 공인하는 제도이다.
2) 스포츠용품 품질 인증제도
① 스포츠용품 품질인증제도
② 스포츠용품시험소 운영
③ 스포츠용품 해외인증 지원
④ 스포츠용품 인증기준 개발

[KP] 스포츠용품 품질 인증제도(KISS)

개념	구성	KISS 마크
스포츠용품의 품질향상과 국제경쟁력 강화를 위해 품질과 기능을 과학적으로 평가하여 우수제품을 공인하는 제도	❶ 스포츠용품 품질인증제도 ❷ 스포츠용품시험소 운영 ❸ 스포츠용품 해외인증 지원 ❹ 스포츠용품 인증기준 개발	

[참고] 스포츠용품 품질인증제도 : KISS(Korea Industrial Standard of Sporting goods)라고 하며, 인증제품은 인증 마크를 부착할 수 있다.

---

02 정부는 스포츠산업체의 경쟁력 강화 방법으로 스포츠용품 인증제를 시행하고 있다. 스포츠용품 인증제 시행으로 인한 기대 효과를 5가지 쓰시오.

[답안] 1) 스포츠용품의 품질과 기능 향상
2) 기술 개발의 장려
3) 수출 증대와 국제경쟁력 강화
4) 우수제품에 대한 홍보 효과
5) 수입 대상국의 수입 제한장벽 극복

[KP] 스포츠용품 인증제 기대 효과
❶ 품질향상   ❹ 우수상품 홍보
❷ 기술 개발 장려   ❺ 수입 제한장벽 극복
❸ 국제경쟁력 강화

제2장 스포츠 수요와 공급

1. 스포츠 소비

01 스포츠소비자를 참여 형태에 따라 3가지로 구분하여 적고, 이를 설명하시오.

답안 1) 참여 스포츠소비자는 건강을 위해 스포츠 활동에 직접 참여하는 소비자이고
2) 관람 스포츠소비자는 경기관람을 통해 스포츠에 참여하는 소비자이고
3) 스포츠용품 소비자는 스포츠용품, 장비 등을 구매하는 소비자이다.

KP 스포츠소비자의 참여 형태에 따른 구분		
참여 스포츠소비자	관람 스포츠소비자	스포츠용품 소비자
• 스포츠 활동에 직접 참여하는 소비자 • 여가시간의 증가 등으로 확대 추세	• 경기를 관람하는 소비자 • 직접 관람과 간접관람으로 구분	• 용품, 장비, 시설 등의 구매자 • 스포츠 지도를 받는 소비자 포함

02 스포츠소비자의 스포츠참가 방법 3가지를 쓰고, 이를 설명하시오.

답안 1) 행동적 참가 : 선수, 관중 등으로 직접 참가
2) 인지적 참가 : 미디어 등을 통해 스포츠 정보를 인지하며 참가
3) 정서적 참가: 스포츠에 직접 참여하지 않고 감정적으로 참가

KP 소비자의 스포츠참가 방법에 따른 구분		
행동적 참가	인지적 참가	정서적 참가
선수, 관중 등으로 직접 참가	미디어 등을 통한 간접참가	스포츠에 직접 참여하지 않고 정서적으로 참가

참고 소비자 참여 : 문제 01과 02는 문제가 비슷하지만 요구하는 답이 다르다.

03 스포츠소비자의 스포츠 참여 의사결정 과정을 5단계로 구분하고 이를 설명하시오.

답안 1) 5단계는 문제 인식 → 정보탐색 → 대안 평가 및 탐색 → 구매 → 구매 후 행동이다.
2) 단계별 내용
① 문제 인식은 동기 인식의 단계로 보관된 정보를 취합하고 욕구 처리 방법을 인식하며
② 탐색이란 보관하고 있는 정보 이외에 새로운 정보를 수집, 관리하며
③ 대안 평가 및 탐색은 최종 결정을 위해 여러 대안을 비교하며
④ 구매란 상품에 대해 구매 혹은 이용하며
⑤ 구매 후 행동은 구매한 상품에 대해 사용 혹은 이용한 후의 평가이다.

KP 소비자 구매 의사결정 단계	
❶ 문제 인식	문제 또는 욕구 처리 방법 인식
❷ 정보탐색	보관 정보가 아닌 새로운 정보의 수집과 관리
❸ 대안 평가와 탐색	선택 대안을 평가하는 것으로, 신념·가치관에 근거
❹ 구매	상품을 구매 또는 이용하는 행동
❺ 구매 후 행동	구매한 상품에 대해 사용 혹은 이용한 후의 평가

암기 구매 의사결정 단계 : 〈구매 의사결정 단계는 문정대구구〉이다.

04 다음은 일반적인 소비자의 구매 절차를 나타낸다. (A)의 빈칸에 적합한 용어를 (B)에서 골라 쓰시오.

(A)	1) ( )은(는) 보관 정보 외에 새로운 정보를 수집하거나 관리한다. 2) ( )은(는) 문제 또는 욕구의 처리 방법의 인식이다. 3) ( )은(는) 평소의 신념 또는 가치관을 근거로 선택 대안을 평가한다. 4) ( )은(는) 구매 상품에 대한 사용 후의 평가를 나타낸다. 5) ( )은(는) 상품을 구매 또는 이용하는 행동
(B)	가) 구매, 나) 문제 인식, 다) 정보탐색, 라) 구매 후 행동, 마) 대안 평가와 탐색

답안 1) 정보탐색, 2) 문제 인식, 3) 대안 평가와 탐색, 4) 구매 후 행동, 5) 구매

05 A는 스포츠 경기를 관람하기 위해 경기가 개최되는 종목을 인터넷으로 검색한 결과 아래와 같은 정보를 얻었다. 다음 조건을 적용하여 종목별 다속성 태도 모형을 적용하여 계산하고, 어느 경기를 관람할 것인지를 결정하시오.

속성	관람가격	이동 시간	응원 열기	관전 재미
기준 중요도	0.2	0.2	0.2	0.4
프로축구	5	8	6	8
프로야구	5	9	8	7
대학농구	9	5	5	3

KP 다속성 기대가치 모델

개념
구매 의사결정 과정에서 상품 속성이 여러 가지일 때 소비자가 탐색한 속성별 정보에 따라 상품 선택을 결정하는 방법

계산 방법
가중치와 각각의 속성별 평가점수를 주므로 이를 모두 곱한 후 더하여 가장 높은 점수를 받은 대안을 선택

답안 프로축구: 0.2×5+0.2×8+0.2×6+0.4×8=7.0
프로야구: 0.2×5+0.2×9+0.2×8+0.4×7=7.2
대학농구: 0.2×9+0.2×5+0.2×5+0.4×3=5.0
∴ 프로야구경기를 관람하기로 하였다.

06 소비자가 상품을 구매하기까지 심리 과정을 분석하는 AIDA 이론을 설명하는 표에서 ( ) 속에 알맞은 용어를 쓰시오.

인지(Attention) - (A) - (B) - 행동(Action)

답안 1) 흥미(Interest) 2) 욕구(Desire)

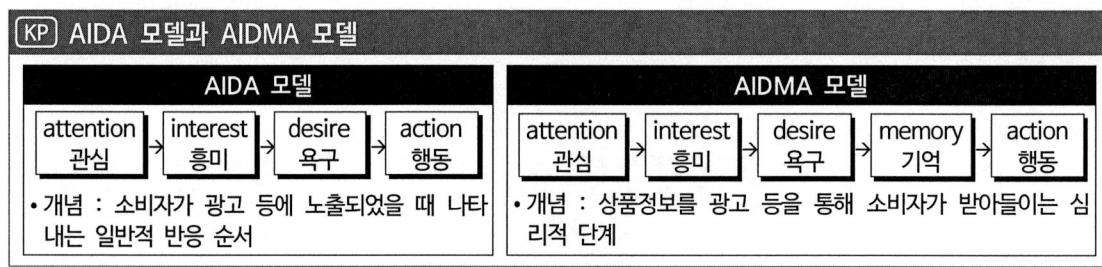

보충 AIDA 모델과 AIDMA 모델 : 2가지가 소비자의 심리적 상태를 나타내는 것으로 매우 유사하다. 위 KP와 같이 후자는 memory(기억)를 포함하고 있다.

용어 attention의 해석 : 문제에서는 '인지'라고 하였고, 설명에서는 '관심'이라고 하였다. 한편 '주의'라고 번역하기도 한다. 모두 같은 의미의 다른 표현이다.

암기 아이다(AIDA) 모델 : 〈아이다는 관흥욕행〉이다. 관심, 흥미, 욕구, 행동

07 다음 지문에서 소비자 행동이론 중 어떤 행동이론인지 쓰시오.

> 현대자동차는 매출 증대를 위해 2002 한일월드컵축구대회조직위원회와 공식공급업체로 계약하였다. 이의 참여로 소비자들이 현대자동차를 구매하였다고 단정하기는 어려운 실정이다. 이처럼 고가의 상품을 구매하는 소비자가 구매 의사결정을 하기까지 고려해야 하는 많은 요인이 상호 복합적으로 작용하는 행동이론을 말한다.

답안 블랙박스 이론
참고 블랙박스 이론 : Sandage가 주장한 이론이다.

KP 블랙박스 이론

개념
원인(투입)에 관한 결과(산출)만 알지 그 과정은 블랙박스와 같이 알기가 어렵다는 이론

08 가치사슬의 개념을 설명하고, 이 이론에서의 사용되는 활동을 분류하여 설명하시오.

답안 1) 가치사슬 이론은 기업이 부가가치를 생성하는 과정을 나타낸다. 부가가치 창출에 직접 또는 간접적으로 관련된 일련의 활동·기능·프로세스 등의 연계를 의미한다.
2) 가치사슬은 주된 활동과 지원 활동으로 분류한다. 주된 활동은 제품의 생산·운송·마케팅·판매·물류·서비스 등과 같은 현장에서 부가가치를 직접 창출하고, 지원 활동은 구매·기술 개발·인사·재무·기획 등 주된 활동을 지원하는 역할을 수행한다.

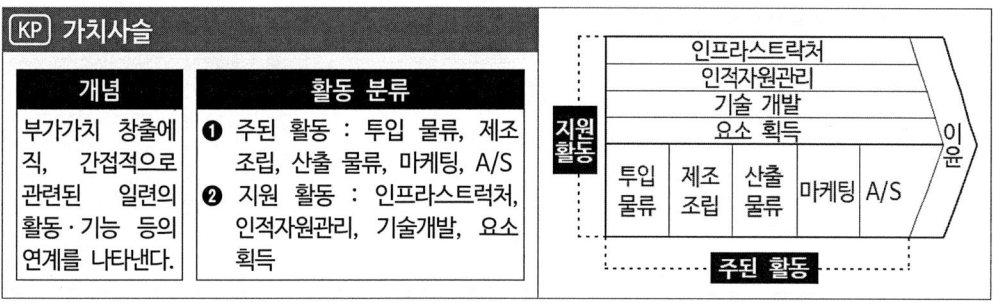

암기 가치사슬의 요소 : 〈가치의 주된 활동은 투제산마아이고, 지원은 인인기요〉이다. 주된 활동은 투입 물류, 제조 조립, 산출 물류, 마케팅, A/S이고, 지원 활동은 인프라스트럭처, 인적자원관리, 기술 개발, 요소 획득

09 가치사슬 이론에서 지원 활동에 해당하는 것을 모두 고르시오.

> • 투입 물류 • 인적자원관리 • 기술 개발 • 제조 조립 • 산출 물류 • 요소 획득, • 인프라스트럭처
> • 마케팅 • A/S

답안 가치사슬 이론에서 지원 활동은 인프라스트럭처, 인적자원관리, 기술 개발, 요소 획득 등이다.
보충 가치사슬 이론의 주된 활동 : 지원 활동을 모두 고르는 문제처럼 '주된 활용을 고르시오.'라는 유형으로 출제될 수 있다.

2. 스포츠 소비 집단

01 소비자 행동에 영향을 미치는 심리적 요인과 개인적 요인을 각각 3가지 쓰시오.

답안 1) 심리적 요인 : 동기 부여, 지각, 학습, 신념, 태도, 기억
2) 개인적 요인 : 나이, 직업, 라이프스타일, 개성, 자아

KP 소비자 행동에 영향을 미치는 요인

구분		내용
내적 요인 (개인적 요인)	개인적 요인	나이, 직업, 라이프스타일, 개성, 자아
	심리적 요인	동기 부여, 지각, 학습, 신념, 태도, 기억
외적 요인 (환경적 요인)	문화적 요인	문화, 사회계층
	사회적 요인	준거집단, 가족, 역할과 지위

02 소비자 행동에 영향을 미치는 요인 중 외적 요인을 3가지만 쓰고 그 요인들이 어떻게 소비자 행동에 영향을 미치는지 설명하시오.

답안 1) 외적 요인 : 사회계층과 문화, 가족, 준거집단 등이며,
2) 미치는 영향
① 사회계층은 직업, 소득, 교육 정도 등에 따라 유사한 사회계층은 유사한 소비 형태를 나타내며
② 가족은 구성원 간의 밀접하고 지속적 관계로 인해 가장 큰 영향을 미치며
③ 준거집단은 소비자의 행동에 영향을 미치는 개인이나 집단을 말하며, 유사한 소비 형태를 나타낸다.

03 스포츠 소비자의 스포츠 참여 의사결정에 영향을 미치는 내적인 요인 중 태도에 대한 개념을 적고, 전통적인 3가지 태도 모형을 쓰시오.

답안 1) 태도의 개념 : 소비자가 특정한 물건이나 활동에 갖는 지식이나 감정을 말하는 것으로, 특정 대상에 대해 일정 기간 반응하는 행동을 말한다.
2) 태도 모형 : 고관여 태도 모형, 저관여 태도 모형, 다속성 태도 모형 등으로 나눈다.

암기 태도 모형 : 〈태도 모형은 고저다〉이다. 고관여 · 저관여 · 다속성 태도 모형

KP 태도

개념	태도 모형
소비자가 특정 상품이나 활동에 대해 느끼는 감정	❶ 고관여 태도 모형 ❷ 저관여 태도 모형 ❸ 다속성 태도 모형

04 소비자 행동에 영향을 미치는 사회계층의 의미와 특징 4가지를 쓰시오.

답안 1) 사회계층의 의미 : 특정 사회에서 환경이 비슷한 상태의 구성원 집단을 일컫는다.
2) 사회계층의 특징 : 지위의 존재, 복합적 요소, 수직적 구조, 계층 내 동질성과 계층 간 이질성, 유동성

KP 사회계층

개념	특징
특정 사회에서 환경이 비슷한 상태의 구성원 집단	❶ 지위의 존재 ❷ 복합적 요소 ❸ 수직적 구조 ❹ 계층 내 동질성과 계층 간 이질성 ❺ 유동성

참고 **사회계층의 특징 설명**

구분	내용
지위의 존재	사회계층에는 지위가 존재한다.
복합적 요소	교육 수준 · 소득 수준 · 자산 · 직업 등 복합적 요인으로 이루어진다.
수직적 구조	높은 지위와 낮은 지위 등 수직적 순위가 존재한다.
계층 내 동질성과 계층 간 이질성	계층 내는 상호작용이 수월하고, 태도 · 행동 · 관심 등의 동질성을 갖지만, 계층 간에는 이질적이고, 상호작용이 제한적이다.
유동성	사회계층은 고정화된 것이 아니고, 유동적이다.

[05] 스포츠 상품 구매 활동에서 지각된 위험의 개념을 설명하고, 5가지 위험 유형을 쓰시오.

답안 1) 지각된 위험의 개념 : 상품을 사용할 때 발생할 수 있는 예상치 못한 결과에 대한 소비자가 느끼는 불안 또는 위험을 말한다. 위험을 줄이기 위해서 더 많은 정보를 탐색하거나, 처음에 소량만 구매하는 행동을 한다.
2) 지각된 위험의 유형 : ① 신체적 위험 ② 성능 위험 ③ 심리적 위험 ④ 사회적 위험 ⑤ 재무적 위험

KP 지각된 위험

개념	유형
상품 사용 시 발생할 수 있는 예상치 못한 결과에 대한 소비자의 불안 또는 위험	❶ 신체적 위험 ❹ 사회적 위험 ❷ 성능 위험 ❺ 재무적 위험 ❸ 심리적 위험

---

[06] 소득효과와 대체효과에 관해 설명하시오.

답안 1) 소득효과 : 상품 가격하락으로 인하여 소비자의 실질 소득이 증가한 것처럼 느껴 상품의 구매력이 늘어나는 효과
2) 대체효과 : 축구 관람과 야구 관람 같은 유사한 용도의 상품이 있을 때 축구 입장권 가격이 내리면 그때까지 야구를 관람하던 사람이 축구를 관람하게 된다. 이처럼 실질 소득에는 영향을 미치지 않는 상대적 가격 변화에 의한 효과를 말한다.

KP 소득효과와 대체효과

소득효과
가격하락으로 실질 구매력이 늘어나고, 상품이 더 많이 소비되면서 일어나는 효과

대체효과
경쟁품이 가격을 낮추어 구매 쏠림 현상으로 인해 소득 변화와 관계없이 상대적 가격 변화에 따라 나타나는 효과

---

[07] 소비자 충성도 모형의 4가지 유형을 각각 쓰고 설명하시오.

답안 1) 소비자 충성도의 개념 : 소비자에게 지속적으로 탁월한 가치를 제공하여 소비자가 해당 상품에 호감을 갖도록 하여 지속적 구매가 일어나도록 하는 활동
2) 충성도 유형
① 낮은 충성도 : 심리적 애착이 낮고, 참여율도 낮은 상태
② 잠재적 충성도 : 심리적 애착이 강하지만 제약요인으로 참여율이 낮은 상태
③ 가식적 충성도 : 참여율이 높지만, 심리적 애착이 약한 상태
④ 높은 충성도 : 참여율도 높고 심리적 애착도 강한 상태 등이다.

KP 소비자 충성도

개념	유형
소비자에게 우월한 가치를 지속 제공하여, 소비자가 호감을 갖고 지속적 구매가 일어나도록 하는 활동	❶ 낮은 충성도 : 심리적 애착이 낮고, 참여율도 낮은 상태 ❷ 잠재적 충성도 : 심리적 애착이 강하지만, 여러 제약요인으로 참여율이 낮은 상태 ❸ 가식적 충성도 : 참여율은 높지만, 심리적 애착은 약한 상태 ❹ 높은 충성도 : 참여율도 높고, 심리적 애착도 강한 상태

행동적	저	낮은 충성도	잠재적 충성도
	고	가식적 충성도	높은 충성도
		저 심리적 고	

암기 소비자 충성도 : 〈충성도는 낮잠가높〉이다. 낮은·잠재적·가식적·높은 충성도

08 옆 그림은 소비자 충성도를 나타내고 있다. ( ) 속에 적합한 용어를 쓰시오.

		저 낮은 충성도	(C)
(A)		고 (D)	높은 충성도
		저	고
		(B)	

답안 A) 행동적 B) 심리적 C) 잠재적 충성도 D) 가시적 충성도

---

09 관여도의 개념을 설명하고 관여도를 분류하는 방법 3가지 쓰시오.

답안 1) 관여도는 주어진 조건에서 특정 상품에 대한 개인의 관심이나 관련성 정도이며
2) 분류 방법은 일반적 분류, 시간적 분류, 관여 수준에 따른 분류로 구분한다.

KP 관여도

개념	관여도 구분 방법
주어진 조건에서 특정 상품에 대한 개인의 관심이나 관련성 정도	❶ 일반적 분류 : 인지적 관여도, 행동적 관여도, 정서적 관여도 ❷ 시간적 분류 : 지속적 관여도, 상황적 관여도 ❸ 관여 수준에 따른 분류 : 고관여, 저관여

---

10 관여도의 인지적 관여도, 행동적 관여도, 정서적 관여도를 설명하시오.

답안 1) 인지적 관여도 : 심리적 동기에 의해 일어나며, 상품의 기능적 성과에서도 발생
2) 행동적 관여도 : 실제 생산 혹은 판매에 참여하므로 발생하는 관여도
3) 정서적 관여도 : 동기에서 발생하는 것으로, 상품을 이용한 후 결과를 전달하는 목적의 관여도

KP 관여도의 분류

인지적 관여도	행동적 관여도	정서적 관여도
심리적 동기에 의해 발생하며, 상품 기능적 성과에 관한 관심에서 발생	실제 생산 혹은 판매에 참여하므로 발생하는 관여도	동기에서 발생하는 것으로, 상품을 이용한 후 결과를 전달 목적의 관여도

암기 관여도 : 〈관여도는 인행정〉이다. 인지적 · 행동적 · 정서적 관여도

---

11 지속적 관여도와 상황적 관여도의 개념을 설명하시오.

답안 1) 지속적 관여도는 특정 상품에 대해 평상시에도 관심이 많아 지속적으로 관여한다.
2) 상황적 관여도는 특별한 상황에 부닥쳤을 때 발생하며, 충동 구매가 대표적이다.

KP 관여도의 시간적 분류

지속적 관여도	상황적 관여도
특정 상품에 대해 평상시에도 관심이 많고, 계속되는 관여	특별한 상황에 부닥쳤을 때 발생하는 관여

---

12 관여도를 결정하는 요인 중 개인적 요인과 상품적 요인을 각각 3가지를 쓰시오.

답안 1) 개인적 요인 : 성격, 관심, 취미, 지식, 소득 수준
2) 상품적 요인 : 성능과 기능, 가격, 속성, 촉진

KP 관여도의 결정 요인

개인적 요인
성격, 관심, 취미, 지식, 소득 수준

상품적 요인
성능, 가격, 속성, 촉진

13 관여도의 개념과 관여도에 따라 나타나는 구매 행동 5가지를 쓰시오.

답안 1) 관여도의 개념 : 주어진 조건에서 특정 상품에 대한 개인의 관심이나 관련성 정도를 말하며
2) 구매 행동 : ① 복잡한 구매 행동 ② 부조화 감소 구매 행동 ③ 습관적 구매 행동 ④ 다양성 추구 구매 행동 ⑤ 시험적 구매 행동
참고 **관여도와 구매 행동** : 위 문제 09는 관여도의 개념이고, 문제 13은 관여도에 따른 구매 행동을 설명하고 있다.

참고 구매 행동

구분		내용
고관여	복잡한 구매 행동	• 구매에 관심이 많을 때 • 상표 간 차이가 클 때
	부조화 감소 구매 행동	• 상품에 대한 관여도가 높고, 고가일 때 • 자주 구매하지 않지만, 구매 후 위험 부담이 클 때 • 적정 가격이나 구매 용이성 등에 우선 반응 • 구매 후 불만이 있거나, 비구매 상품의 호의적 정보가 있으면 부조화 발생
저관여	습관적 구매 행동	• 상품 관여도가 낮고, 상표 간 차이가 미미하다. • 단순 반복 구매의 형태로, 정보탐색을 거의 하지 않는다. • 광고 노출 빈도가 중요하며, 유명인을 광고 모델로 활용하면 효과가 크다.
	다양성 추구 구매 행동	• 상품이 비교적 저관여 상태 • 상표 간 차이가 없어 다양성을 추구하기 위해 상표를 바꾸어 구매할 때
	시험적 구매 행동	• 상품이 비교적 저관여 상태 • 상품 내용에 대해 잘 알지 못하면 시험적이거나 또는 충동적으로 구매할 때

14 스포츠소비자들은 자신의 스포츠 상품에 대한 관여 정도에 따라 개인별 구매 행동이 달라진다. 다양한 구매 상황 중 스포츠 소비자들이 저관여 상황일 때 보이게 되는 구매 행동의 유형을 3가지 쓰시오.

답안 1) 습관적 구매 행동 2) 다양성 추구 구매 행동 3) 시험적 구매 행동
암기 저관여 구매 행동 : 〈저관여 구매 행동은 습다시〉이다. 습관적 · 다양성 추구 · 시험적 구매 행동

15 고관여 구매 행동의 개념을 설명하고 그 종류 2가지를 쓰시오.

답안 1) 고관여 구매 행동이란 관여 수준이 높은 상태의 구매 행동을 말하며
2) 고관여 구매 행동의 종류는 복잡한 구매 행동, 부조화 감소 구매 행동 등이다.
암기 고관여 구매 행동 : 〈저관여 구매 행동은 복부〉이다. 복잡한 · 부조화 감소 구매 행동
암기 고관여 · 저관여 구매 행동을 합치면 : 〈구매 행동을 합치면 복부습다시〉이다. 복잡한 · 부조화 감소 · 습관적 · 다양성 추구 · 시험적 구매 행동

16 습관적 구매 행동의 특징 4가지를 쓰시오.

KP 습관적 구매 행동의 특징
❶ 관여도가 낮을 때 발생
❷ 상표 간 차이가 크지 않다.
❸ 단순 반복 구매 형태
❹ 정보탐색이 거의 없다.
❺ 광고 노출 빈도가 중요
❻ 유명인 광고가 효과적

답안 1) 구매 관여도가 낮을 때 발생하며
2) 상표 간 차이가 미미할 때 발생하고
3) 단순 반복 구매 형태
4) 정보탐색이 거의 없다.
5) 광고 노출 빈도가 높은 상품이 유리하다.

참고 습관적 구매 행동의 사례 : 구청에서 운영하는 스포츠센터의 수영 강습은 재등록 기간 게시물만 보면 습관적으로 등록한다. 이는 가격이 저렴하다는 믿음으로 인해 구매 관여도는 낮고, 정보탐색이 거의 없는 상태이다.

암기 습관적 구매 행동 : 〈습관적 구매 행동은 관차단정광〉이다. 구매 관여도가 낮고, 상표 간 차이가 미미, 단순 반복 구매, 정보탐색 없이, 광고 노출이 중요

17 아래 표는 스포츠 소비자가 구매 의사를 결정할 때 사용되는 여러 유형의 특징을 나타내고 있다. ( ) 속에 적합한 단어를 쓰시오.

	습관적 문제해결	제한적 문제해결	포괄적 문제해결
관여도	낮음	(1)	높음
탐색시간	짧다	중간	(2)
정보탐색	내적 탐색	주로 내적 탐색	(3)
대안 수	1가지	(4)	많음

답안 1) 중간 2) 길다 3) 외적 탐색 4) 2~3가지

보충 구매 의사결정 과정에서의 문제해결 방법의 개념 : 소비자가 구매 의사를 결정할 때 여러 대안을 비교·평가하여 기대와 현실의 수준 차이를 극복하기 위한 과정을 문제해결 측면으로 접근하는 것을 말한다.

KP 구매 의사결정과정에서 문제해결 방법

	습관적 문제해결	제한적 문제해결	포괄적 문제해결
관여도	낮음	중간	높음
탐색시간	짧다	중간	길다
정보탐색	내적 탐색	주로 내적 탐색	외적 탐색
대안 수	1가지	2~3가지	많음

참고 구매 의사결정 과정에서 문제해결 방법

구분	내용
습관적 문제해결	의사결정 판단 기준과 정보가 기억 속에 내장되어 외부정보에 의존할 필요가 없으므로 외적 탐색 없이 내적 탐색만으로 수행한다.
제한적 문제해결	의사결정의 판단 기준의 일부가 기억되어 있어 이를 활용하고, 기억이 없는 부분은 외부에서 찾으므로 내적 탐색과 외적 탐색을 함께 수행한다.
포괄적 문제해결	의사결정의 기준이 되는 정보가 기억에 저장되어 있지 않으므로 외적 탐색으로 문제를 해결한다.

[18] 스포츠 조직이 소비자들의 인지 부조화를 감소하려는 방법 4가지를 쓰시오.

[답안] 1) 태도, 신념, 행동 등을 변화시킨다.
2) 인지 상태를 변화시킨다.
3) 새로운 인지를 통해 행동이나 신념을 정당화한다.
4) 가진 인지를 무시하거나 부정한다.

[참고] **인지 부조화 이론** : 이해하기 쉽지 않다. 사례를 들면 흡연하는 사람이 흡연은 건강에 좋지 않다는 것을 인지하고, 금연하면 태도, 신념, 행동 등을 변화시킨 것이며, 흡연은 건강에 나쁘지만, 긴장 완화에 도움이 된다고 생각하면 인지 상태를 변화시킨 것이며, 건강에 해가 되지만 나는 괜찮을 것으로 판단하면 새로운 인지를 통해 행동을 정당화하는 것이며, 죽을 때 죽을지언정 담배를 피우겠다고 생각하면 인지를 무시하는 것이다.

[KP] **인지 부조화 이론**

개념	인지 부조화 감소 방법
개인의 신념, 생각, 태도와 행동 간에 조화가 되지 않을 때 느끼는 심리적 불편을 해소하려는 태도나 행동 변화를 설명하는 이론	❶ 태도, 신념, 행동 등을 변화시킨다. ❷ 인지 상태를 변화시킨다. ❸ 새로운 인지를 통해 행동이나 신념을 정당화한다. ❹ 현재의 인지를 무시하거나 부정한다.

[19] 구매 후 부조화가 발생하는 경우 3가지를 쓰시오.

[답안] 1) 구매 후 구매 결정을 취소할 수 없을 때
2) 구매 제품에 대한 소비자의 관여도가 높을 때
3) 구매 전 여러 대안이 존재할 때

[KP] **구매 후 부조화 발생**
❶ 구매 결정을 취소할 수 없을 때
❷ 구매 제품에 대한 소비자의 관여도가 높을 때
❸ 구매 전 여러 대안이 존재할 때

[20] 파레토의 법칙을 설명하시오.

[답안] 대부분 상품이 매출의 80%는 고객 20%에 편중된 현상을 말한다. 그러므로 이를 대상으로 마케팅 활동을 더욱 강화해야 한다는 이론이다.

[KP] **파레토 법칙**

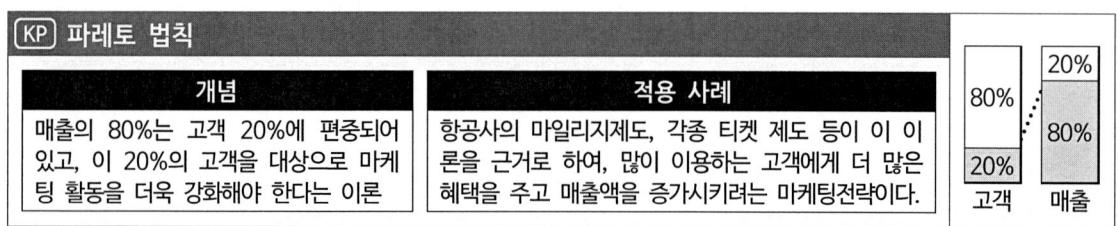

개념	적용 사례
매출의 80%는 고객 20%에 편중되어 있고, 이 20%의 고객을 대상으로 마케팅 활동을 더욱 강화해야 한다는 이론	항공사의 마일리지제도, 각종 티켓 제도 등이 이 이론을 근거로 하여, 많이 이용하는 고객에게 더 많은 혜택을 주고 매출액을 증가시키려는 마케팅전략이다.

[인명] **파레토(Pareto)** : 이탈리아의 경제학자로, 경제학의 일반균형이론과 무차별곡선 이론 발전에 공헌하였다. 80대 20 법칙을 처음 주장한 파레토의 이름을 붙여 파레토 법칙이라고 한다.
[암기] **파레토 법칙** : 〈파레토는 80대 20〉이다. 매출 80%는 상위 고객 20%에서 일어난다.

[20] 다음 지문을 읽고 어떤 법칙을 설명하고 있는지 쓰시오.

> 일의 결과는 원인의 20%가 전체의 80%를 차지한다는 이론이다. 이를 근거로 마케팅에서는 80대 20 마케팅이라고도 한다.

[답안] 파레토의 법칙

3. 고객관리

01 스포츠 소비자 시장이 매스마케팅(Mass marketing) 중심에서 관계마케팅(CRM) 중심으로 변화하고 있다. 고객 관계관리의 개념과 고객 관계관리의 단계 3가지를 쓰시오.

답안 1) 고객 관계관리의 개념은 고객 관련 자료를 통해 고객 특성에 기초한 마케팅 활동을 계획하고, 지원하며, 평가하는 활동을 말한다.
2) 고객 관계관리의 단계는 고객 유치단계, 관계 유지단계, 관계 발전단계이다.

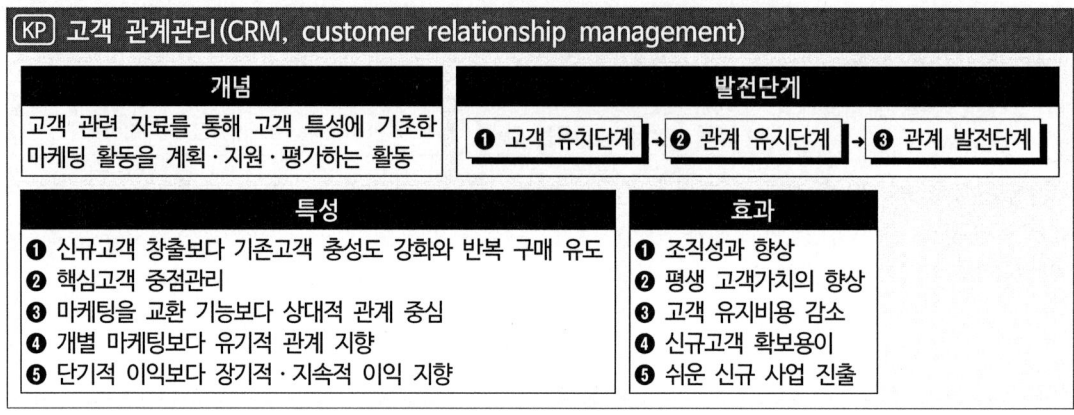

02 고객 관계관리의 특성과 고객 관계관리의 효과를 각각 3가지를 쓰시오.

답안 1) 고객 관계관리의 특성
㉠ 신규고객 창출보다 기존고객 충성도 강화와 반복 구매를 유도한다.
㉡ 핵심고객을 중점적으로 관리한다.
㉢ 마케팅을 교환 기능보다 상대적 관계에 중심을 둔다.
㉣ 개별 마케팅보다는 유기적 관계의 관점이며, 시너지 효과 지향한다.
㉤ 단기적 이익보다 장기적·지속적 이익에 관점을 둔다.
2) 고객 관계관리의 효과 : ㉠ 조직성과 향상에 기여 ㉡ 평생 고객가치의 향상 ㉢ 고객 유지비용 감소 ㉣ 신규고객 확보용이 ㉤ 쉬운 신규 사업 진출

03 고객 유지관리의 개념을 설명하고, 고객 유지관리의 장점 3가지를 쓰시오.

답안 1) 고객 유지관리의 개념 : 고객과의 관계를 늘려 고객에 대한 이해 증가와 함께 고정 고객화를 유도하여 수익성 향상에 기여하는 고객관리를 말한다.
2) 고객 유지관리의 장점 : ① 반복 구매와 고정 고객화가 가능하고 ② 광고 및 홍보비를 절감할 수 있으며 ③ 기존 고객은 가격에 비교적 관대하다.

KP 고객 유지관리	
개념	장점
신규고객 유치는 비용이 많이 소요되어 단기간 수익을 내기 어렵지만, 관계한 기간이 길면 고객 이해의 증가, 고정 고객화 등으로 수익성 향상이 가능한 단계	❶ 반복 구매와 고정 고객화 가능 ❷ 광고, 홍보비의 절감 ❸ 매출 증대 ❹ 기존고객은 가격에 비교적 관대

[04] 스포츠시설의 소비자를 위한 서비스관리의 개념과 특성 3가지에 관해 쓰시오.

답안 1) 개념 : 소비자에게 서비스를 제공하여 소비자 만족을 실현하고, 이로 인하여 수익이 발생하며, 동시에 시설 운영의 수익 발생에 중요한 역할을 한다.
2) 특성 : ① 고객 욕구 충족을 목적으로 제공되며 ② 물적, 인적, 시스템적 서비스의 결합이고 ③ 상품을 제공하면서 부수적으로 제공되는 지원 서비스도 있다.

KP 서비스관리

개념	특성
서비스를 제공하여 소비자 만족을 실현하고, 이로 인하여 수익을 발생시키는 역할	❶ 고객 욕구 충족을 목적으로 제공 ❷ 물적, 인적, 시스템적 서비스의 결합 ❸ 상품 제공과 지원 서비스 포함

[05] 스포츠시설의 기능 중 이용자에 대한 서비스 측면에서의 기능을 3가지 쓰시오.

답안 1) 물적 서비스로 쾌적한 시설, 편리한 운영 동선, 다양한 부대시설 등을 말하며
2) 인적 서비스로 효율적이고 합리적인 지도 서비스, 직원의 대고객 만족 서비스 등이며
3) 시스템적 서비스로 운영프로그램의 다양성, 가격의 적합성, 접근의 편의성 등이다.

KP 스포츠시설의 서비스 기능
❶ 물적 서비스 : 시설과 부대시설 등의 서비스
❷ 인적 서비스 : 지도 서비스, 고객 만족 등의 서비스
❸ 시스템적 서비스 : 운영프로그램, 가격의 적합성, 접근 편의성

[06] 스포츠시설의 고객을 크게 2가지로 나누어 각각을 설명하시오.

답안 1) 스포츠시설의 고객은 외부고객과 내부고객으로 나누며
2) 외부고객은 스포츠시설의 이용자 등을 말하고, 내부고객은 조직 내에서 일의 결과를 사용하는 사람을 말한다.

KP 고객 분류
❶ 외부고객 : 스포츠시설의 이용자
❷ 내부고객 : 조직 내에서 일의 결과를 사용하는 사람

[07] 고객 만족(CS, customer satisfaction)의 개념을 설명하고, 조직의 입장에서 고객 만족으로 얻을 수 있는 기대 효과 4가지를 쓰시오.

답안 1) 고객 만족이란 고객 요구에 최상의 서비스를 제공하여, 고객의 기대 수준보다 서비스 실행수준이 높은 상태를 말한다.
2) 고객 만족 기대 효과는 고객 충성도를 높이고, 경쟁우위 확보, 미래 거래비용 감소, 고객 가격 민감도를 낮춘다.

KP 고객 만족(CS, customer satisfaction)

개념	기대 효과
고객 요구에 최상의 서비스를 제공하여 고객 기대 수준보다 서비스 실행수준이 높은 상태	❶ 고객 충성도 향상 ❸ 미래 거래비용 감소 ❷ 경쟁우위 확보 ❹ 고객 가격 민감도 저하

[08] 스포츠시설 근무자는 고객을 향상 친절하게 대해야 한다. 친절서비스의 3요소를 쓰시오.

답안 고객 친절의 3요소는 마음씨, 말씨, 몸가짐 등이다.

KP 친절서비스의 3요소
❶ 마음씨 ❷ 말씨 ❸ 몸가짐

제3장 스포츠 선수 시장

1. 프로스포츠

01 프로스포츠구단의 직접 수입원과 간접수입원을 각각 5가지씩 쓰시오.

답안 1) 직접 수입원 : 입장권 판매 수입, 부대사업 수입, 구장 임대사업 수입, 상금 및 배당금, 선수 이적료 수입 등
2) 간접 수입원 : 라이선싱 수입, 방송중계권 수입, 스포츠 스폰서십 수입, 광고 수입, 구장 명칭 사용권 판매 등

경향 프로구단의 직접 수입원과 간접 수입원 : 시험에 많이 출제된 출제 다빈도 부분 중의 하나이다.

암기 프로구단 직간접 수입 : 〈프로구단 직접수입은 입부임상이, 간접 수입은 라중스광명〉이다. 직접 수입원 입장권 판매, 부대·임대, 상금과 배당금, 이적료이고, 간접 수입원은 라이선싱, 방송중계권, 스폰서십, 광고, 구장 명칭 사용권(=naming rights)

KP 프로스포츠의 중요 수입원

직접 수입원	간접 수입원
❶ 입장권 판매	❶ 라이선싱
❷ 부대사업	❷ 방송중계권
❸ 구장 임대사업	❸ 스포츠 스폰서십
❹ 상금 및 배당금	❹ 광고
❺ 선수 이적료	❺ 구장 명칭 사용권 판매

02 프로스포츠의 경기방식 중 승강제의 개념과 특성을 쓰고 그 사례 2가지를 쓰시오.

답안 1) 승강제의 개념 : 소속팀을 등급에 따라 1, 2부 등으로 나누고, 시즌 종료 후 성적에 따라 상·하위 리그로 소속을 바꾸는 제도를 말한다.
2) 승강제의 특성 : 시즌 막바지에 관중의 관심이 이완되는 현상을 방지하며, 하위 팀에게 마지막까지 최선을 다하도록 강구하는 역할을 한다.
3) 승강제 사례 : 프로축구 K리그의 클래식과 챌린지 구분, 잉글랜드 프리미어리그

KP 프로스포츠의 승강제

개념	장점	사례
리그 소속팀을 등급에 따라 1, 2부 등으로 나누고, 시즌 종료 후 성적에 따라 상·하위 리그로 소속을 바꾸는 제도	❶ 시즌 막바지 관중의 관심 이완 현상 방지 ❷ 하위 팀에게 마지막까지 최선을 다하도록 강구하는 역할	❶ 프로축구 K리그의 클래식과 챌린지 ❷ 잉글랜드 프리미어리그

03 프로스포츠에서 신생구단이 리그에 가입할 때 많은 부담금을 지불해야 한다. 신생 구단에게 가입 부담금을 부여하는 이유 3가지를 설명하시오.

답안 1) 구단의 희소가치 유지 2) 선수 확보의 용이 3) 지역 연고의 유지 4) 고정 팬 확보 5) 수입금의 많은 배당

참고 프로야구 신생구단 가입 부담금 사례 : 프로야구에서 2013년 1월 제10 구단으로 KT가 진입하면서 가입금으로 30억원, 예치금 100억원을 한국야구위원회(KBO)에 냈다.

KP 신생팀 가입비 부담 이유
❶ 구단 희소가치 유지
❷ 선수 확보용이
❸ 지역 연고 유지
❹ 고정 팬 확보
❺ 수입금의 많은 배당

04 프로스포츠의 소속 구단의 적정 산정을 위한 기준을 설명하시오.

답안 1) 연고지 인구와 예상 관중 수 2) 아마추어·학생 등의 선수 저변 상태 3) 지리적 균형성

KP 소속 구단 수 산정 기준
① 연고지 인구와 예상 관중 수
② 아마추어 선수의 저변 상태
③ 지리적 균형성

---

05 프로스포츠 시장에서 팀 간의 전력 평준화는 해당 프로스포츠의 경쟁력을 강화하는 방안이다. 프로스포츠의 전력 평준화의 필요성과 이를 위해 채택하고 있는 제도 4가지를 쓰시오.

답안 1) 전력 평준화는 관중 흥미의 지속적 유발과 시장 성장의 계기 마련을 위해 필요하다.
2) 전력 평준화 제도는 신인 드래프트 제도, 용병제도, 연봉 총상한제(=샐러리캡), 트레이드 제도 등

KP 전력 평준화

필요성	전력 평준화 방법
관중 흥미의 지속적 유발과 전체시장 성장의 계기 마련	① 신인 드래프트제도 ③ 자유 계약제도 ② 연봉 총상한제 ④ 트레이드 제도

---

06 프로스포츠구단의 전력 평준화를 위한 선수 보유제도 4가지를 쓰고 설명하시오.

답안 1) 신인 드래프트 : 스포츠 단체가 주관하여 일정 요건을 갖춘 선수를 특정 팀에게 성적순 등으로 지명권을 부여하여 선발하는 제도
2) 연봉 총상한제 : 구단별 소속 선수의 연봉합계가 일정액을 초과하지 못하도록 규정하는 제도
3) 자유 계약제도 : 구단이 선수 보유권을 상실 또는 포기하여 어떤 구단과도 자유 계약이 가능한 제도
4) 트레이드 : 상대 팀 소속 선수를 필요에 따라 우리 팀의 대체 선수와 교환하는 제도

용어 salary cap : 프로스포츠의 팀별 연봉 총액 상한선으로, 급여의 최고액이라는 의미이다.
용어 FA : free agent로, 선수 자유 계약 제도

KP 전력 평준화 방법

신인 드래프트	연봉 총상한제
스포츠 단체가 주관하여 일정 요건을 갖춘 선수를 특정 팀에게 성적순 등으로 지명권을 부여하여 선발하는 제도	구단별 소속 선수의 연봉합계가 일정액을 초과하지 못하도록 규정하는 제도(=샐러리캡)
자유 계약제도	**트레이드**
구단이 선수 보유권을 상실 또는 포기하여 어떤 구단과도 자유 계약이 가능한 제도 (=FA 제도)	상대 팀 선수를 필요에 따라 대체 선수와 교환하는 제도

---

07 스포츠에서 더욱 정확한 심판을 위한 보조 장치로 활용되고 있는 VAR을 설명하고, 현재 국내에서 VAR을 적용하는 종목 4가지를 적으시오.

답안 VAR은 정확한 심판을 위해 경기 촬영 영상을 근거로 심판이 판정하는 방식이며, 채택 종목은 육상, 빙상, 사이클 등의 기록경기는 물론 축구, 야구, 배구 등이다.
용어 VAR : video assistance referee의 약어

KP VAR

필요성	국내 채택 종목
심판이 정확한 판정을 위해 경기 촬영 영상을 근거로 판정하는 방식	① 육상 ④ 축구 ② 빙상 ⑤ 야구 ③ 사이클 ⑥ 배구

---

08 우리나라 프로야구에서 적용하는 ABS를 설명하시오.

답안 투수의 공이 스트라이크, 볼 판정을 위해 홈플레이트 중간과 끝 2곳을 카메라를 이용하여 판별하고, 결과를 심판에게 자동 전달하는 시스템이다.
용어 ABS : automatic ball-strike system의 약어이며, 2024년부터 국내 프로야구에 적용하고 있다.

KP ABS
국내 프로야구에서 투수의 투구를 추적하여 스트라이크와 볼을 자동 판별하고, 결과를 심판에게 자동 전달하는 시스템

2. 스포츠 에이전트

01 선수 에이전트가 필요한 경우 3가지를 쓰시오.

답안 1) 계약, 이적 등과 관련하여 전문성이 요구될 때
2) 계약 등과 관련되어 전술적 유연성이 필요할 때
3) 선수가 직접 나서면 구단과의 대립 관계로, 오히려 악화될 가능성이 있을 때

KP 에이전트의 필요성
① 계약·이적 등의 전문성이 요구될 때
② 전술적 유연성이 필요할 때
③ 선수와 구단과 대립으로, 악화 가능성이 있을 때

02 선수 에이전트에게 요구되는 자질 3가지를 쓰시오.

답안 1) 선수가 운동에 전념할 수 있도록 지원할 수 있는 능력
2) 선수 홍보와 팬클럽 운영, 후원 등을 통해 선수 이미지 관리 기능 수행 능력
3) 선수에게 장·단기 목표를 제시하고, 발전할 수 있도록 지원할 수 있는 능력

KP 에이전트에게 필요한 자질
① 선수가 운동에 전념할 수 있도록 지원할 수 있는 능력
② 선수 홍보와 팬클럽 운영 등으로 선수 이미지 관리 기능 수행 능력
③ 선수에게 목표를 제시하고, 발전할 수 있도록 지원할 수 있는 능력

03 스포츠 에이전트의 유형 5가지를 쓰시오.

답안 1) 선수 관리에이전트 2) 국제 스포츠마케팅 에이전트 3) 광고 스폰서 에이전시 4) 경기에이전트 5) 풀 서비스 에이전트

KP 에이전트의 유형
① 선수 관리에이전트 ③ 광고 스폰서 에이전트
② 국제 스포츠마케팅 에이전트 ④ 경기에이전트
⑤ 풀 서비스 에이전트

04 스포츠 선수와 에이전트는 계약에 따라 관계가 형성된다. 선수와 에이전트의 관계를 4가지 쓰시오.

KP 선수와 에이전트의 관계
① 수평적 관계 ③ 결합적 관계
② 수직적 관계 ④ 지배적 관계

답안 1) 수평적 관계 2) 수직적 관계 3) 결합적 관계 4) 지배적 관계

05 스포츠 선수와 에이전트가 계약 시 에이전트에게 지급해야 할 수수료를 계약금액에 따라 일정 비율로 정하는 방법을 ( )라고 한다. ( )속에 적합한 용어를 쓰시오.

KP 에이전트 수수료 지급 방법
① 정액제 ③ 시간급제 ⑤ 혼합제
② 정률제 ④ 도급제

답안 정률제

06 선수 보증 광고를 할 때 유의해야 할 사항 4가지를 쓰시오.

KP 인도스먼트 유의사항(FRED 요인)
① 친숙도(familiarity) ③ 존경(esteem)
② 관련성(relevance) ④ 차별화(differentiation)

답안 친숙도(familiarity), 관련성(relevance), 존경(esteem), 차별화(differentiation)
보충 FRED 요인 : 유의사항 4가지의 첫 글자를 따 인도스먼트 FRED 요인이라고 한다.
암기 인도스먼트 : 〈인도스먼트는 **친관존차**〉이다. 친숙도, 관련성, 존경, 차별화

제4과목 스포츠시설

세부목차

제1장 스포츠시설 경영과 관리 … 108
  1. 스포츠시설의 경영 … 108
  2. 스포츠시설 관리 운영 … 109
  3. 스포츠시설의 공간 효율화 … 111

제2장 스포츠시설 신상품 개발 … 113
  1. 신상품 개발 … 113
  2. 스포츠시설의 수요 예측 … 114
  3. 프로그램 개발과 뉴스포츠 … 106

제3장 스포츠시설 수익 극대화 … 117
  1. 관람 스포츠사업의 유통 … 117
  2. 입장권 판매 … 117
  3. 경기장 광고 … 118
  4. 경기장 임대와 부대사업 … 119

제4장 스포츠시설 내부 디자인 … 120
  1. 시설물 배치 … 120
  2. 집기와 비품 관리 … 121

제5장 스포츠시설의 서비스운영과 안전관리 … 122
  1. 스포츠시설의 서비스운영 … 122
  2. 스포츠시설의 안전관리 … 123

제1장 스포츠시설의 경영과 관리

1. 스포츠시설의 경영

01 스포츠시설업이 다른 일반 산업과 비교될 수 있는 특성 3가지를 쓰시오.

답안 1) 초기 투자 비용이 다른 산업에 비해 상대적으로 많이 소요된다.
2) 고정자산에 대한 의존도가 높다.
3) 서비스산업이면서 사회 교육 기능을 수행한다.
4) 종업원 의존성이 강하다.

KP 스포츠시설업의 특성
❶ 많은 초기 투자 비용
❷ 고정자산 의존성이 높다.
❸ 사회 교육 기능 수행
❹ 반복 구매와 고정고객이 많다.
❺ 강한 종업원 의존성

암기 스포츠시설업 특성 : 〈스포츠시설업은 초고교반종〉이다. 초기 투자 비용 과다, 고정자산 의존도, 사회 교육 기능 수행, 고정고객, 종업원 의존

02 공공스포츠시설의 운영을 외부에 위탁했을 때의 장점 4가지를 쓰시오.

답안 1) 경영과 시설 활용의 효율성 재고 2) 인건비 등 유지관리 비용의 절감 가능 3) 전문가의 기술 활용 가능 4) 공휴일 등 개장 시간의 탄력적 운영 가능

KP 위탁경영의 장단점

장점	단점
❶ 경영과 시설 활용 효율성 재고	❶ 특정 주민의 편중 이용 가능성
❷ 유지관리 비용 절감	❷ 사고 발생 시 책임소재의 불명확
❸ 전문가 기술 활용	❸ 서비스 저하 초래 가능성
❹ 공휴일 등 개장 시간의 탄력적 운영	❹ 운영 기관 잘못으로 원망을 받게 될 가능성
❺ 주민의 자주적 활동과 지역과의 연대 촉진	❺ 위탁 명분으로 이권 개입 등의 부정 발생 소지

암기 위탁경영의 장단점 : 〈위탁경영은 효비전탄연이 좋고, 편책저가 나쁘다.〉이다. 장점은 시설 효율성 재고, 유지관리 비용 절감, 전문가 활용, 탄력적 운영, 지역 연대 촉진이 좋고, 편중 이용, 책임 소재 불명확, 서비스 저하, 위탁 기관의 운영 잘못으로 원망을 받게 되고, 부정 발생 소지가 있다.

03 공공스포츠시설을 외부에 위탁했을 때의 예상되는 문제점 3가지를 쓰시오.

답안 1) 특정 주민에게 편중되어 이용될 가능성
2) 사고 발생 시 책임소재의 불명확
3) 서비스 저하를 초래할 가능성

04 제3섹터 개발의 개념과 스포츠시설이 제3섹터로 운영되기 위한 요건 3가지를 쓰시오.

답안 1) 제3섹터 개발의 개념 : 공공부문(정부·지자체·단체)의 공공성과 민간 부문(기업)의 효율성을 결합하여 합동으로 사회간접자본을 개발하는 방식을 말한다.
2) 제3섹터 개발의 요건
① 관련 법령에 적합해야 하며
② 대상 사업에 대한 엄격한 심사
③ 철저한 사업 타당성 분석이 필요하다.

KP 제3섹터 개발

개념	개발 요건	장단점	
공공부문의 공공성과 민간 부문(기업)의 효율성을 결합하여 합동으로 사회간접자본을 개발하는 방식	❶ 관련 법령에 적합 ❷ 대상 사업에 대한 엄격한 심사 ❸ 철저한 사업 타당성 분석 필요	장점	❶ 공공부문 예산 경감 ❷ 민간 부문의 기술과 정보 활용
		단점	❶ 공공성의 약화 ❷ 수익성이 약하면 민간 부문 미참여

암기 제3섹터 개발 : 〈제3섹터 개발 요건은 법심타〉이다. 법령에 적합, 엄격한 심사, 타당성 분석 필요

05 스포츠시설을 제3섹터 개발 방식을 적용할 때의 장단점을 각각 2가지씩 쓰시오.

답안 1) 장점 : 민자로 공공부문 예산 부담 경감, 민간 부문의 우수한 기술과 정보 활용을 통한 개발
2) 단점 : 공공성의 약화, 꼭 필요하더라도 수익성이 약하면 민간 부문이 미참여

2. 스포츠시설의 관리 운영

01 스포츠시설을 분류하는 방법 4가지를 쓰시오.(예 : 목적에 의한 분류)

답안 1) 운영 주체에 따른 분류 2) 사회 영역에 따른 분류 3) 입지 유형에 따른 분류 4) 수요 범위에 따른 분류

KP 스포츠시설업의 분류 방법
❶ 운영 주체에 따라 : 공공 체육시설, 민간체육시설
❷ 설치 목적에 따라 : 경기형 시설, 경주형 시설, 생활형 시설, 레저형 시설
❸ 사회 영역에 따라 : 학교체육 시설, 사회체육 시설, 장애인체육 시설
❹ 입지 유형에 따라 : 도심형 시설, 주거지형 시설, 준주거지형 시설, 농어촌형 시설
❺ 수요 범위에 따라 : 근린권형 시설, 지역권형 시설, 광역권형 시설
❻ 생활권역에 따라 : 일상 생활권 시설, 비일상 생활권 시설

02 체육시설의 설치·운영에 관한 법규상 공공 체육시설 3가지를 쓰고, 이를 설명하시오.

답안 1) 전문 체육시설 : 국내외 대회개최와 선수 훈련에 필요한 운동장, 체육관 등
2) 생활 체육시설 : 국민이 쉽고, 편리하게 이용할 수 있는 체육시설
3) 직장 체육시설 : 직원 500명 이상의 직장은 2종 이상의 시설을 설치하여야 한다.

암기 공공 체육시설 : 〈공공 체육시설은 전생직〉이다. 전문·생활·직장 체육시설

KP 공공 체육시설의 구분
❶ 전문 체육시설 : 대회개최와 선수 훈련에 필요한 운동장, 체육관 등
❷ 생활 체육시설 : 국민이 쉽고, 편리하게 이용할 수 있는 체육시설
❸ 직장 체육시설 : 직원 500인 이상의 직장은 2종 이상의 시설 설치

03 체육시설의 설치·운영에 관한 법률에 따라 직원 (A)명 이상 근무하는 직장의 장은 (B)종 이상의 같은 법에서 정한 체육시설을 설치·운영해야 한다. ( ) 속에 적합한 용어를 쓰시오.

KP 직장 체육시설
직원 500인 이상의 직장의 장은 2종 이상의 체육 시설 설치

답안 (A) 500 (B) 2

04 스포츠시설 물적 관리의 의미를 설명하고, 이를 관리하기 위해 유의해야 할 사항 4가지를 기술하시오.

답안 1) 물적 관리의 개념 : 토지, 설비, 건물, 운동장, 설비, 비품과 소모품 등에 관한 관리
2) 물적 관리 유의사항 : ① 비품과 대장의 일치 ② 절차에 따른 사용과 정리 ③ 인근 주민에게 피해가 없도록 관리 ④ 시설 내 환경 미화 등이다.

KP 스포츠시설의 물적 관리	
개념	유의사항
토지, 설비, 건물, 운동장, 설비, 비품과 소모품 등에 관한 관리	❶ 비품과 대장의 일치　❸ 인근 주민에게 피해가 없도록 관리 ❷ 절차에 따른 사용과 정리　❹ 시설 내 환경 미화

05 체육시설업을 운영하는 사람은 체육시설의 안전 위생 기준을 지켜야 한다. 체육시설업의 안전 위생 공통기준 4가지를 쓰시오.

답안 1) 시설 내 질서를 유지해야 하며
2) 시설은 정상 이용 가능한 상태를 유지해야 하고
3) 실외시설은 폭우 등 안전을 해할 우려가 있으면 이용을 제한해야 하며
4) 음주자 등 정상적 이용이 곤란한 사람은 이용을 제한해야 한다.

KP 스포츠시설업의 안전 위생 공통기준
❶ 시설 내 질서 유지
❷ 정상 이용 가능한 상태 유지
❸ 실외시설은 폭우 등 안전 우려 시 이용 제한
❹ 음주자 등 정상 이용이 곤란한 사람은 이용 제한
❺ 정원 초과 금지

암기 시설의 안전 위생 공통기준 : 〈시설의 안전 위생 기준은 질상안이정〉이다. 질서 유지, 정상 이용 가능, 안전 우려 시 이용 제한, 음주자 제한, 정원 초과 금지

[06] 스포츠 보험이 담당하는 주요 기능을 4가지 쓰시오.

> 참고 **스포츠 보험의 기능**
> ❶ 경기 중 상해의 보상
> ❷ 스포츠 조직의 경제 활동 촉진
> ❸ 재해 예방
> ❹ 가치 보장

답안 1) 경기 중 상해에 대한 보상 2) 스포츠 조직의 경제 활동 촉진 3) 재해 예방 4) 가치 보장

3. 스포츠시설의 공간 효율화

[01] 스포츠시설의 입지 선정 시 고려되어야 할 요소를 3가지를 쓰시오.

> KP **입지 선정 고려사항**
> ❶ 소비자 접근성
> ❷ 경쟁자 위치
> ❸ 인력 수급 방법
> ❹ 인구통계학적 특성
> ❺ 개발 관련 법령
> ❻ 마케팅전략과의 부합성

답안 1) 소비자의 접근 용이성 2) 경쟁자 위치 3) 인력 수급 방법
4) 인구통계학적 특성 5) 관련 법령 6) 마케팅전략과의 부합성
암기 입지 선정 고려사항 : 〈입지 선정은 접경인인〉이다. 소비자 접근성, 경쟁자 위치, 인력 수급 방법, 인구통계학적 특성

[02] 좋은 스포츠시설을 만들 수 있도록 스포츠시설을 설계할 때 고려되어야 할 사항을 4가지 쓰시오.

> KP **스포츠시설 설계 고려사항**
> ❶ 사용자 요구가 많은 시설
> ❷ 사용자 수준에 맞는 시설
> ❸ 안전하고, 견고한 시설
> ❹ 건강관리에 효과적 시설
> ❺ 관리가 쉬운 시설

답안 1) 사용자 요구가 많은 시설
2) 사용자 수준에 맞는 시설
3) 안전하고, 견고한 시설
4) 건강관리에 효과적인 시설
5) 관리가 수월한 시설
암기 시설 설계 고려사항 : 〈시설 설계는 요수안건관〉이다. 사용자 요구가 많아야 하며, 수준에 맞고, 안전과 견고, 건강관리 효과적 시설, 관리가 수월해야 한다.

[03] 스포츠시설의 배치 원칙 5가지를 쓰고, 각각 설명하시오.

답안 1) 편리성 : 이용자가 편리하게 사용할 수 있어야 한다.
2) 안전성 : 이용자가 안전하게 사용할 수 있어야 한다.
3) 효율성 : 동선을 효율적으로 관리하며, 업무 수행이 편하게 해야 한다.
4) 경제성 : 전체적인 경제성을 고려해야 한다.
5) 미관 : 공간이 전체적으로 미관을 유지해야 한다.

KP 스포츠시설의 배치 원칙			
편리성과 안전성	효율성	경제성	미관
이용자가 편리하고, 안전하게 사용할 수 있어야 한다.	동선을 효율적으로 관리하며, 업무 수행이 수월하게 해야 한다.	전체적 경제성을 고려해야 한다.	공간이 전체적 미관을 유지해야 한다.

암기 스포츠시설 배치 원칙 : 〈시설 배치는 편안효경미〉이다. 편리성, 안전성, 효율성, 경제성, 미관

04 체육시설의 공간 효율화 기본 방향 4가지를 기술하시오.

답안 장기적 활용방안이 수립되어야 하며, 다용도 활용방안이 있어야 하고, 다양한 이벤트를 전개해야 하고, 종합 문화 공간으로 활용할 수 있어야 한다.

> **KP 공간 효율화 기본 방향**
> ❶ 장기적 활용방안 수립
> ❷ 다용도 활용방안 수립
> ❸ 다양한 이벤트 전개
> ❹ 종합 문화 공간화

05 공공체육시설을 효율적으로 활용할 수 있는 방안 4가지를 기술하시오.

답안
1) 주민의 자유로운 이용이 가능하도록 운영
2) 상시 이용이 가능하도록 운영
3) 다양한 프로그램의 개발과 운영
4) 접근이 쉬운 스포츠시설
5) 여러 종목이 함께 이용이 가능한 종합체육시설로 운영되어야 한다.

> **KP 공공 체육시설의 효율적 활용방안**
> ❶ 주민의 자유로운 이용 가능토록 운영   ❹ 접근이 쉬운 시설
> ❷ 상시 이용이 가능토록 운영   ❺ 여러 종목이 활용 가능한 종합체육시설
> ❸ 다양한 프로그램의 개발과 운영

제2장 스포츠시설 신상품 개발

1. 신상품 개발

01 A 씨는 B 지역에서 헬스클럽을 운영할 계획이다. 이 사업이 가능한지를 검토해야 하는 A 씨가 분석해야 하는 사항을 4가지 쓰시오.

[KP] 사업 타당성 분석 사항
❶ 시장성 ❹ 위험성
❷ 기술성 ❺ 성장성
❸ 경제성 ❻ 자금 조달과 운영 방법

[답안] 1) 시장성 2) 기술성 3) 경제성 4) 위험성 5) 성장성
6) 자금 조달과 운영 방법

[암기] 사업 타당성 분석 : 〈사업 타당성은 시기경위성자〉이다. 시장성, 기술성, 경제성, 위험성, 성장성, 자금 조달과 운영

02 스포츠용품회사의 일반적인 신제품 개발과정을 5단계로 구분할 때 다음 보기의 ( ) 속에 들어갈 적합한 용어를 쓰시오.

(A) → (B) → (C) → (D) → 상품화 또는 실행

[답안] A) 아이디어 도출 B) 아이디어 선별 C) 개발 및 테스트 D) 사업성 분석

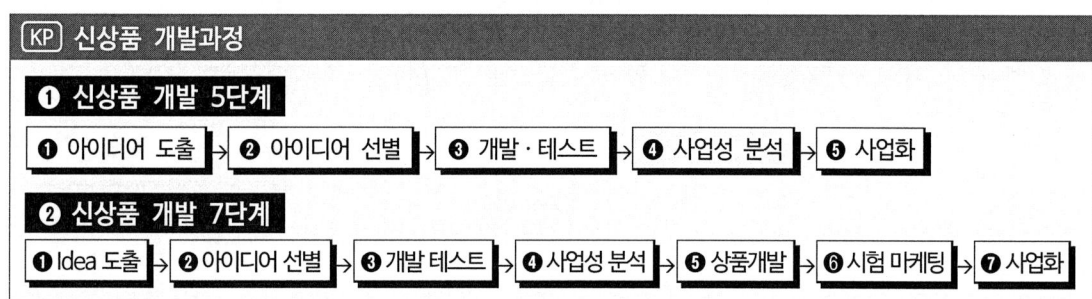

[경향] 신제품 개발과정 : 신상품 개발과정은 학자에 따라 절차적 차이가 크고, 설명하는 과정이 상이하여 보편적으로 인정되는 일반적 절차가 없는 상태이다. 실기시험에서 신제품 개발 5단계와 7단계가 각각 출제된 일이 있으므로, 2가지 모두 ( ) 속에 적절한 용어를 쓰는 유형이었다.

03 신제품 개발과정을 7단계로 구분할 때 다음 아래의 ( ) 속에 들어갈 적합한 용어를 쓰시오.

아이디어 도출 → 아이디어 선별 → 개발 및 테스트 → (A) → (B) → (C) → 상품화

[답안] A) 사업성 분석 B) 제품개발 C) 시험 마케팅

04 새로운 상품이 개발되었을 때 소비자가 이를 수용하는 절차를 설명하시오.

[답안] 신상품에 대하여 소비자가 수용하는 절차는 인지, 관심, 사용, 평가 및 수용의 5단계를 거친다.

[암기] 신상품 소비자 수용 절차 : 〈신상품 수용은 인관사평수〉이다. 인지, 관심, 사용, 평가, 수용

KP 신상품의 소비자 수용 절차	
❶ 인지	신상품에 대한 정보를 처음 접하게 된 상태
❷ 관심	반복적 노출로 관심을 두고, 추가적 정보를 탐색하는 단계
❸ 사용	처음 구매 또는 이용하는 단계
❹ 평가	욕구 충족 상태를 파악하여 태도를 형성하는 단계
❺ 수용	사용, 이용 경험을 토대로 평가하여 수용 여부 결정 단계

05 신상품의 런칭과정에서 혁신의 수용과 확산 모델에 따라 소비자를 5가지 범주로 분류해서 설명하시오.

[답안] 1) 혁신자 : 변화를 즐기는 분류로, 신상품 이용에 매우 적극적이다.
2) 초기수용자 : 의견 선도자로, 신상품에 조심스럽게 접근한다.
3) 초기다수자 : 신중한 사람으로, 조심스럽게 일반인보다 빨리 신상품을 수용한다.
4) 후기다수자 : 회의적 사람으로, 많은 사람이 신상품을 사용한 후 사용한다.
5) 최후수용자 : 매우 보수적으로, 신상품에 대해 비판적 경향이 강하다.

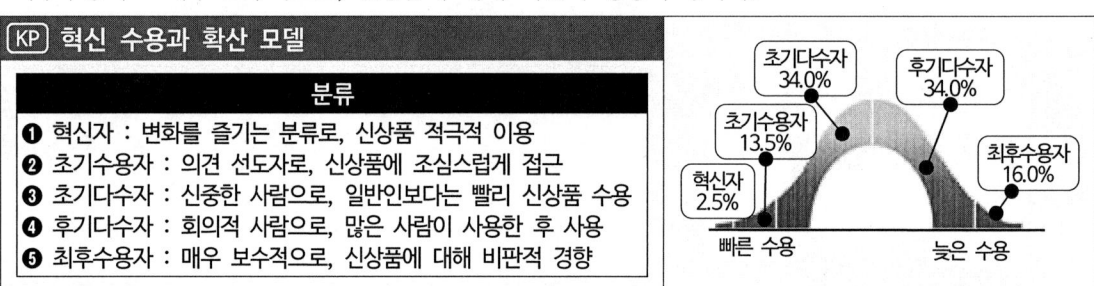

[용어] 런칭 : 신상품이 개발되어 시장에 처음 출시되는 상황을 말한다. 분포의 수치는 필기시험에 초기수용자의 분포 비율이 얼마인지 묻는 유형으로, 출제되기는 했지만 외울 필요가 없는 부분이다.

2. 스포츠시설의 수요 예측

01 스포츠시설의 수요를 예측할 때 일반적으로 사용하는 방법 3가지를 설명하시오.

[답안] 1) 가중치 이용법 : 수요예측에 적용할 각 요인에 적정 가중치를 적용하여 예측한다.
2) 중력 모델법 : 이동 거리, 소요시간 등을 고려한 시설의 위치와 공급되는 서비스양을 고려하여 수학적 공식을 적용 계산한다.
3) 시간 거리환산법 : 이동 소요시간과 거리를 중심으로 예측하는 방법으로, 이동 거리와 소요시간 등을 적용하여 이용권역을 분석한다.

[암기] 수요예측 방법 : 〈수요예측은 가중시〉이다. 가중치 이용법, 중력 모델법, 시간 거리 환산법

KP 수요예측 방법		
가중치 이용법	중력 모델법	시간 거리환산법
수요예측에 적용할 각 요인에 적정 가중치를 적용하여 예측하는 방법	이동 거리, 소요 시간 등과 공급되는 서비스양 등을 고려하여 계산하는 방법 공식 면적/(소요 시간)^2	이동 시간과 거리를 중심으로 예측하는 방법

02 스포츠센터의 입지 결정을 위해 가중치 이용법을 적용하여 각각의 입지점수를 계산하고 가장 높은 입지를 적으시오. 단 계산과정과 답 모두 기재해야 한다.

입지요인	A입지	B입지	C입지	D입지	가중치
시설물 지대	10	10	10	9.9	10
상권	10	10	9	9	9
교통	10	10	10	10	8
노동	8	9	9	9	7
지역사회 태도	10	8	8	10	6

[답안] A입지=(10×10)+(10×9)+(10×8)+(8×7)+(10×6)=386
B입지=(10×10)+(10×9)+(10×8)+(9×7)+(8×6)=381
C입지=(10×10)+(9×9)+(10×8)+(9×7)+(8×6)=372
D입지=(9.9×10)+(9×9)+(10×8)+(9×7)+(10×6)=383
∴ A입지가 가장 타당하다.

[KP] 가중치 이용법 계산법
입지별 점수에 가중치를 곱한 후 다 더해서 가장 점수가 높은 것을 선택

03 스포츠센터의 입지 결정을 위해 가중치 이용법을 적용하여 각각의 입지점수를 계산하시오. 단, 계산과정과 답 모두 기재해야 하며, 소수점 둘째 자리까지 기재하시오.

입지요인	가중치	A입지	B입지	C입지
시설물 지대	0.3	90	70	80
상권형성	0.2	85	80	85
유동 및 거주인구	0.15	55	70	60
교통 환경	0.15	60	70	65
노동환경	0.1	70	65	50
지역사회 태도	0.1	50	70	50

[답안] A입지=(0.3×90)+(0.2×85)+(0.15×55)+(0.15×60)+(0.1×70)+(0.1×50)=73.25
B입지=(0.3×70)+(0.2×80)+(0.15×70)+(0.15×70)+(0.1×65)+(0.1×70)=71.50
C입지=(0.3×80)+(0.2×85)+(0.15×60)+(0.15×65)+(0.1×50)+(0.1×50)=69.75
∴ A입지가 가장 타당하다.

04 수요예측에서 사용하는 중력 모델법의 개념을 설명하고, 간단하게 계산하는 공식을 쓰시오.

[답안] 1) 중력 모델법은 다수의 고객이 시설을 더 편리하게 이용할 수 있도록 이동 거리, 소요 시간 등을 고려한 시설의 위치 또는 공급되는 서비스양 등을 고려하여 계산하는 방법이다.
2) 중력 모델법의 계산 공식=면적/(소요 시간)^{2}이다.

[참고] 중력 모델법 계산 공식 : 위 공식은 간편 적용 방식이다. 실제 공식은 매우 복잡하므로 여기서는 언급하지 않는다.

[참고] 중력 모델법
공식 | 면적/(소요 시간)^2

[05] 장승규는 건강관리를 목적으로 수영을 정기적으로 하기로 하여 인근 수영장을 조사한 결과 아래와 같은 조건을 얻었다. 중력 모델법을 사용하여 각 수영장의 매력도를 계산하고, 적합한 수영장을 선택하시오.

· A 수영장 : 100평 규모, 소요 시간 20분, · B 수영장 : 80평 규모, 소요 시간 10분

[답안] 1) A 수영장 : 100평/(20분)^2=0.25 2) B 수영장 : 80평/(10분)^2=0.8 ∴ B 수영장 선택

3. 프로그램 개발과 뉴스포츠

[01] 스포츠 프로그램 개발의 개념을 설명하고, 스포츠 프로그램을 개발하는 일반적 절차를 설명하시오.

[답안] 1) 스포츠 프로그램 개발의 개념은 참가자의 운동 기능 및 체력의 향상과 건강의 유지 증진을 목적으로 참가자의 스포츠 활동을 구체화하는 데 필요한 내용과 조건, 절차 등을 체계적으로 편성하는 활동을 말한다.
2) 스포츠 프로그램 개발 절차는 소비자 욕구 조사 → 프로그램 개발 → 프로그램 실행 → 프로그램 평가의 순서이다.

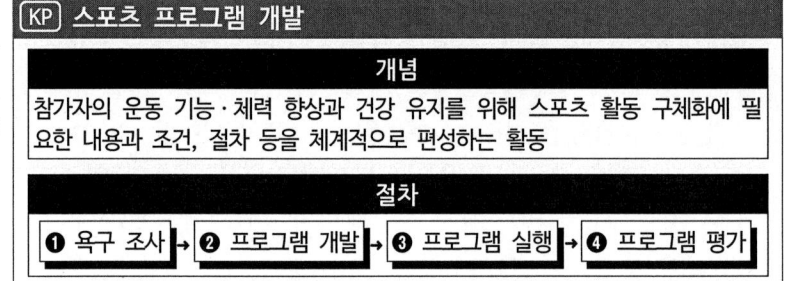

[02] 뉴스포츠의 개념을 설명하고, 뉴스포츠의 특징 3가지를 쓰시오.

[답안] 1) 기존 스포츠는 대부분 세계 전체가 동일한 규칙에 따라 운영되는 데 반하여 뉴스포츠는 유연한 규칙과 간편한 경기방식 적용과 참가자 특성에 맞게 운영되는 참가자 지향의 스포츠를 말한다.
2) 뉴스포츠의 특징
① 일반 참여자 중심이며
② 형식이나 규정에 얽매이지 않고 참가자 중심으로 운영되며
③ 참가 대상, 지역 특성에 맞게 규칙의 변경이 가능하다.

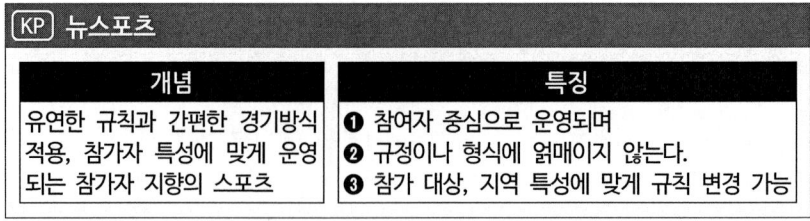

[암기] 뉴스포츠의 특징 : 〈뉴스포츠는 참규특〉이다. 참여자 중심, 규정에 얽매이지 않고, 특성에 맞게 운영

제3장 스포츠시설 수익 극대화

1. 관람 스포츠 상품의 유통

01 관람 스포츠비즈니스에서 스포츠 상품을 최종적으로 구매하는 구매자(집단) 3가지를 쓰시오.

[KP] 관람 스포츠 최종 소비자
❶ 팬 ❷ 방송사 ❸ 기업 ❹ 선수

[답안] 1) 팬, 2) 방송사, 3) 기업, 4) 선수

02 관람 스포츠를 구성하는 비즈니스 구조 4가지를 쓰시오.

[KP] 관람 스포츠비즈니스 구조
❶ 경기관람 ❺ 인도스먼트
❷ 방송중계권 ❻ 스포츠 에이전트
❸ 스폰서십 ❼ 경기장 임대사업
❹ 스포츠마케팅 ❽ 경기장 부대사업

[답안] 1) 경기관람 2) 방송중계권 3) 스포츠 스폰서십 4) 스포츠마케팅

03 관람 스포츠 상품과 관련된 유통 채널 4가지를 쓰시오.

[답안] 1) 입장권 : 스포츠 조직이 생산하여 티켓 판매사를 통해 최종 소비자인 관중에게 유통
2) 방송중계권 : 스포츠 조직이 생산하고, 스포츠마케팅 회사가 유통을, 방송사가 최종 소비자이다.
3) 스포츠 스폰서십 : 스포츠 조직이 생산하여 마케팅회사가 유통을 담당하고, 최종 소비자는 기업이다.
4) 선수계약 : 선수 또는 스포츠팀이 에이전트를 통해 팀 또는 선수로 연결되는 유통 채널을 갖는다.

[KP] 관람 스포츠 상품의 유통 채널

	채널
입장권	스포츠 조직 : 생산→티켓 판매사 : 유통→관중 : 소비
방송중계권	스포츠 조직 : 생산→마케팅대행사 : 유통→방송사 : 소비
스폰서십	스포츠 조직 : 생산→마케팅대행사 : 유통→기업 : 소비
선수계약	선수, 팀→에이전트→팀, 선수의 유통 구조

04 관람 의사결정에 영향을 주는 요소를 5가지를 쓰시오.

[KP] 관람 의사결정 영향 요소
❶ 접근성 ❹ 관람 비용
❷ 사용 편의성 ❺ 팀 지지도
❸ 쾌적성 ❻ 촉진 요인

[답안] 1) 접근성 2) 사용 편의성 3) 쾌적성 4) 관람 비용 5) 팀 지지도 6) 촉진 요인

[암기] 관람 의사결정 영향 요소 : 〈관람 결정 영향은 **접편쾌비지촉**〉이다. 접근성, 편의성, 쾌적성, 비용, 지지도, 촉진 요인

2. 입장권 판매

01 경기장 수익을 극대화하기 위한 PSL(permanent seat license)에 관해 설명하시오.

[답안] 1) PSL(permanent seat license)은 일정 기간 즉 한 시즌의 지정 좌석제도를 말한다.

[KP] 특별 입장권
❶ Club seat : 좌석을 업그레이드하여 안락한 관람 분위기 제공
❷ Suit : 벽, 유리창 등이 설치된 작은 공간으로 제공
❸ PSL : 일정 기간(주로 1시즌) 지정 좌석 제공

[용어] **PSL** : permanent seat license의 약어로, personal seat license로 사용하기도 한다.

[02] 경기장 입장권을 다양한 유통경로를 통해 판매함으로써 얻을 수 있는 긍정적 효과를 스포츠조직과 소비자 관점으로 구분하여 각각 3가지씩 쓰시오.

[답안] 1) 스포츠조직 관점 : ① 판매업무의 효율화 ② 입장권 판매 증대 ③ 판매에 따른 비용 절감
2) 스포츠 소비자 관점 : ① 구매 용이 ② 구매 소요 시간 단축 ③ 구매 비용 절감
[참고] **유통경로 다양화** : 문제 지문이 길지만 요약하면 입장권 유통경로 다양화의 기대 효과이다.

KP 입장권 유통경로 다양화 효과	
스포츠조직 관점	스포츠 소비자 관점
❶ 판매업무의 효율화	❶ 구매 용이
❷ 입장권 판매 증대	❷ 구매 소요 시간 단축
❸ 판매에 따른 비용 절감	❸ 구매 비용 절감

[03] 입장권의 판매를 촉진하는 방법 3가지를 쓰시오.

[답안] 1) 가격할인 2) 경품 제공
3) 콘테스트 4) 보너스 팩 제공

KP 입장권 프로모션 방법
❶ 가격할인 ❷ 경품 제공 ❸ 콘테스트 ❹ 보너스 팩 제공

3. 경기장 광고

[01] 경기장 광고의 종류 5가지를 쓰시오.

[답안] 1) 입간판 광고 2) 펜스 광고 3) 바닥 광고 4) 전광판 광고 5) 백드럽 광고 6) 90도 광고
[용어] **90도 광고** : 옆 그림에서 골라인에 세워진 광고판은 입간판으로 보이지만 실제는 축구장 바닥 면에 제작된 단면 광고이다. 이를 90도 광고라고 한다.
[용어] **백드럽 광고** : 선수나 감독이 인터뷰할 때 뒷배경을 이용한 광고

KP 경기장 광고	
❶ 입간판 광고	❻ 유니폼 광고
❷ 펜스 광고	❼ 팸플릿 광고
❸ 바닥 광고	❽ 입장권 광고
❹ 전광판 광고	❾ 대회 명칭 광고
❺ 백드럽 광고	❿ 90도 광고

참고 90도 광고

[02] 스포츠와 관련되어 사용되고 있는 NTIV의 개념을 적고, 사용 용도 2가지를 쓰시오.

[답안] 1) NTIV는 TV 중계방송에 나오는 특정 상품에 대한 노출 시간을 측정하여 이를 동일한 시간대의 광고료와 비교하여 계산한 금액을 산정한다.
2) NTIV의 용도는 광고 효과 측정 및 경기장 광고의 가격 산정에 참고할 수 있다.

참고 NTIV		
개념		용도
TV 중계방송에 나오는 특정 상품의 노출 시간을 측정 이를 같은 시간대의 광고료와 비교하여 계산한 금액		❶ 광고 효과 측정 ❷ 경기장 광고 가격 산정 자료

[용어] **NTIV** : net television impression value의 약어로, 이를 처음 시작한 미국 광고회사의 이름인 NTIV에서 유래되었다.

[03] 스포츠 중계방송과 관련된 가상(virtual) 광고의 개념을 설명하시오.

[답안] 가상 광고란 경기의 중계방송 때 컴퓨터 그래픽으로 가상의 이미지를 화면에 삽입하는 형태의 TV 광고이다. 우리나라는 2012년 시작하였고, 경기의 직접 관람고객을 대상으로 하지 않고, 시청자인 간접 관람고객을 대상으로 한다.

[참고] **가상 광고**
중계방송 때 가상 이미지를 화면에 삽입하는 형태로, 시청자를 대상으로 한다.

4. 경기장 임대와 부대사업

[01] 스포츠시설에서 많이 활용되고 있는 Naming Rights의 개념을 적고, 최근에 이를 활용하고 있는 스포츠 경기장의 명칭 3가지를 쓰시오.

[답안] 1) Naming Rights의 개요 : 프로구단이 지방자치단체와 협의해 경기장 명칭에 기업 홍보 기능을 포함하는 것으로, 구장 명칭 사용권을 말한다.
2) Naming Rights를 활용하는 경기장은 ① 광주 기아 챔피언스필드 ② 대구 삼성라이온즈파크 ③ 수원 KT위즈파크 ④ 인천 SK행복드림구장 등이다.

[KP] **Naming Rights(명칭 사용권)**

개념	사례
프로구단이 경기장 명칭에 기업 홍보 기능을 포함하는 것으로, 구장 명칭 사용권이라 한다.	❶ 광주 기아 챔피언스필드 ❸ 수원 KT위즈파크 ❷ 대구 삼성라이온즈파크 ❹ 인천 SK행복드림구장

[02] 경기장 부대사업의 개념을 설명하고, 부대사업 운영 방법 3가지를 쓰시오.

[답안] 1) 경기장 부대사업의 개념 : 경기장의 주 사업은 경기개최이지만 수익성 향상 등을 목적으로 주된 사업에 덧붙여서 전개하는 사업을 말한다.
2) 부대사업 운영 방법 : 직영방식과 위탁계약방식, 관리 대행 방식 등

[KP] **경기장 부대사업**

개념	운영 방법
경기장의 주 사업은 경기개최이지만 수익성 향상 등을 목적으로 주된 사업에 덧붙여서 전개하는 사업	❶ 직영방식 : 경기장 운영 주체가 직접 운영 ❷ 위탁계약방식 : 피위탁자 명의로 운영 ❸ 관리대행방식 : 시설주 명의로 운영하되 운영 수익의 수수료 징구

[암기] 경기장 부대사업 운영 방법 : 〈부대사업 운영 방법은 직위관〉이다. 직영방식, 위탁계약방식, 관리대행방식

제4장 스포츠시설 내부 디자인

1. 시설물 배치

01 스포츠시설의 시설물을 배치하기 위한 기본 도면 5가지를 쓰시오.

답안 배치도, 평면도, 바닥평면도, 천정도, 조명 계획도, 입면도, 전개도, 투시도

참고 **스포츠시설물의 도면**

구분	내용
기본 도면	배치도, 평면도, 바닥평면도, 천정도, 조명 계획도, 입면도, 전개도, 투시도
실시 도면	단면도, 상세도, 창호도, 가구와 조명 상세도
기타	재료 마감도, 집기 상세도, 전기 배선도, 설계도, 출입구·계단·기타 등의 상세도

02 동선계획을 수립할 때 고려해야 하는 사항 3가지를 쓰시오.

답안
1) 통행량과 방향·교차·이동 등의 흐름을 고려한다.
2) 자연스럽게 흐르도록 유도한다.
3) 성격, 용도 등 조건에 따라 동선 흐름의 적당한 구성한다.
4) 동선은 위계질서를 갖게 하되 복잡하지 않도록 처리한다.

KP 동선계획 수립 고려사항
❶ 통행량, 방향, 교차. 이동 등의 흐름 고려
❷ 자연스럽게 흐르도록 하고, 필요할 때 멈출 수 있도록 유도
❸ 성격, 용도 등 조건에 따른 흐름의 구성
❹ 위계질서 유지와 복잡하지 않도록 처리

03 동선의 구성 요소 4가지를 쓰시오.

답안 동선의 구성 요소는 길이, 빈도, 속도, 폭이다.
암기 동선 요소 : 〈동선은 길빈속폭〉이다. 길이, 빈도 속도, 폭

KP 동선 구성 요소
❶ 길이 ❷ 빈도 ❸ 속도 ❹ 폭

04 유휴공간과 가변공간, 확장공간의 개념을 각각 설명하시오.

답안
1) 유휴공간은 본연의 임무를 수행하지 못하고 비어 있는 공간이다.
2) 가변공간은 기본 형태를 바꾸지 않고, 단순 조정이 가능한 자유로운 공간이다.
3) 확장공간은 증설 없이 확장하여 사용할 수 있는 인접한 공간

참고 **유휴공간, 가변공간, 확장공간**

유휴공간	가변공간	확장공간
본래의 임무를 수행하지 못하고 비어 있는 공간	기본 형태 변경 없이 단순 조정할 수 있는 자유로운 공간	증설 없이 확장하여 사용 가능한 공간

2. 집기와 비품 관리

01 최근 대기업을 중심으로 MRO 자회사를 운영하는 경우가 많다. MRO의 개념을 설명하시오.

답안 MRO란 maintenance(유지), repair(보수), operation(운영)의 약자로, 기업에서 제품생산에 필수 원자재를 제외한 소모성 자재와 간접 자재를 말하며, 이를 구매하는 조직을 말하기도 한다.

> **KP MRO**
> maintenance(유지), repair(보수), operation(운영)의 약자로, 기업에서 제품생산에 필수 원자재를 제외한 소모성 자재와 간접 자재

02 집기와 비품 관리의 기본원칙 4가지를 쓰시오.

답안 경제성을 유지하며, 적극적 활용, 소비 절약, 재활용, 신중한 관리 등이 필요하다.

암기 집기 · 비품 관리 원칙 : 〈집기 비품 관리는 경적소재신〉이다. 경제성 유지, 적극적 활용, 소비 절약, 재활용, 신중한 관리

> **KP 집기 · 비품 관리 원칙**
> ❶ 경제성 유지 ❹ 재활용
> ❷ 적극적 활용 ❺ 신중한 관리
> ❸ 소비 절약

03 스포츠시설은 집기 · 비품을 효율적으로 관리하기 위한 집기 · 비품 관리 매뉴얼에 의하면 집기 · 비품은 (A), (B), (C) 등의 세 사람 책임으로 관리해야 한다. ( ) 속에 적합한 용어를 쓰시오.

답안 A) 통제책임자 B) 관리책임자 C) 사용책임자

> **KP 집기 · 비품 관리책임**
> ❶ 사용책임자 ❷ 관리책임자 ❸ 통제책임자

04 다음은 A 스포츠센터의 집기 · 비품 관리규정의 일부이다. ( ) 속에 적합한 용어를 쓰시오.

> 고의 또는 과실로 센터의 비품을 잃어버리거나 못 쓰게 한 사용자는 그 사유를 근무일 기준 8시간 내 관리책임자에게 ( )를 작성하여 보고하여야 한다. 그 후 비품 관리책임자는 관련 보고서에 의견을 기록하고, 도장을 찍어 2 근무일 이내 통제책임자에게 보고하여야 한다.

답안 손망실 보고서

05 트레드 밀을 사용하던 회원이 부주의로 인하여 부착된 TV 수상기 모니터를 파손시켰을 때 집기 · 비품 사용책임자가 조치해야 할 사항을 서술하시오.

답안 수리 사용 여부를 판단하여, 수리가 가능하면 관리책임자와 통제책임자의 결재를 득한 후 수리를 의뢰하고, 수리해서 사용할 수 없을 때는 폐기 처리한다. 수리 또는 폐기에 따른 비용 부담은 조직 내부 규정에 따른다.

> **KP 집기 · 비품의 훼손 처리 방법**
>
> | 수리 가능품 | 수리 불가능품 |
> |---|---|
> | 사용책임자 또는 관리책임자가 통제책임자에게 수리를 의뢰하고, 수리비용은 훼손자 부담 | 수리해도 본래 목적에 이용하지 못하거나, 예상수리비가 구매가의 80% 이상이면 폐기 처리하고, 훼손품의 미상각잔액 훼손자 부담 |

제5장 스포츠시설의 서비스운영과 안전관리

1. 스포츠시설의 서비스 운영

01 스포츠시설에서 사용하는 입장권 처리 매뉴얼의 주요 기능 5가지를 쓰시오.

답안 입장권 처리 매뉴얼의 주요 기능은 예매처 등록, 예매 현황관리, 예매처 관리, 티켓 프로모션, 좌석운영 등이다.

KP 입장권 처리 매뉴얼 기능
❶ 예매처 등록   ❹ 티켓 프로모션
❷ 예매 현황관리 ❺ 좌석운영
❸ 예매처 관리

02 스포츠시설에서 이벤트를 개최할 때 만드는 이벤트 운영 매뉴얼의 개념을 적고, 이벤트 운영 매뉴얼의 중요한 구성 내용 3가지를 쓰시오.

답안 1) 이벤트 운영 매뉴얼은 이벤트를 개최할 때 담당자별 역할, 운영 절차, 행동 요령, 연락처 등을 작성한 지침서이다.
2) 운영 매뉴얼에는 이벤트의 소개와 입장 관리, 위생 관리, 안내, 의전, 화재 및 안전관리, 분실물 관리, 주차관리, 주요 긴급 연락처 등으로 구성한다.

KP 이벤트 운영 매뉴얼

개념	구성 내용
이벤트 개최의 담당자별 역할, 운영 절차, 행동 요령 등을 작성한 지침서	❶ 이벤트 소개 ❷ 입장 관리 ❸ 위생 관리 ❹ 의전 ❺ 화재 및 안전관리 ❻ 분실물 관리 ❼ 주차관리 ❽ 주요 긴급 연락처

03 강습 매뉴얼의 개념을 설명하고, 강습 매뉴얼 구성 내용 3가지를 쓰시오.

답안 1) 강습 매뉴얼이란 강습에 필요한 사항을 정리하고, 강습방법의 기준을 기술한 안내서로, 필요 장비나 도구를 바탕으로 이루어지며, 강습의 본질을 확립할 수 있는 수단이다.
2) 강습 매뉴얼은 강습 개요, 강습방법, 형태별 적용 방법 등으로 구성한다.

KP 강습 매뉴얼

개념	구성
강습 필요사항을 정리하고, 강습방법 기준 등을 기술한 안내서로, 장비·도구 사용을 포함하며, 강습 본질을 확립하는 수단	❶ 강습 개요 ❷ 강습방법 ❸ 강습 적용 방법

04 체육교습업을 운영할 때 강습 프로그램의 개발과 관리 절차 5단계를 쓰시오.

답안 프로그램 기획 → 홍보와 회원모집 → 프로그램 실행 → 프로그램 평가 → 피드백

KP 강습 프로그램관리 절차

❶ 프로그램 기획 → ❷ 홍보와 회원모집 → ❸ 프로그램 실행 → ❹ 프로그램 평가 → ❺ 피드백

2. 스포츠시설의 안전관리

가. 스포츠시설의 안전관리

01 스포츠시설 안전관리의 의미와 안전관리를 위한 유의사항 5가지를 쓰시오.

답안 1) 스포츠시설 안전관리의 의미 : 화재 예방, 시설과 설비의 안전, 시설 이용자의 사고 예방 등의 관리를 말한다.
2) 안전관리 유의사항 : ① 시설과 설비의 정기 안전 검사와 결과에 대한 서류를 보존해야 하며 ② 안전 검사 결과 결함 혹은 결함 징후 발견 시 신속한 조치가 필요하고 ③ 안전 사항을 이용자에게 주지시켜야 하며 ④ 안전 담당 직원을 배치해야 하고 ⑤ 유사시 응급조치 시스템 확립이 필요하다.

KP 스포츠시설의 안전관리

개념	유의사항	
화재 예방, 시설과 설비의 안전, 시설 이용자의 사고 예방 등의 관리	❶ 시설과 설비의 정기 안전 검사와 결과 서류 보존 ❷ 검사 결과 결함과 결함 징후 발견 시 신속 조치 ❸ 안전 사항을 이용자에게 주지	❹ 안전 담당 직원 배치 ❺ 유사시 응급조치 시스템 확립

02 스포츠 활동 중에 발생할 수 있는 상해를 2가지로 분류하시오.

답안 스포츠 상해는 돌발 사고에 의한 상해와 무리한 운동으로 인한 상해로 분류한다.

KP 상해 발생 원인 분류
❶ 돌발 사고에 의한 상해
❷ 무리한 운동으로 인한 상해

참고 스포츠 활동 중 주로 발생하는 상해

발생 원인	내용
돌발 사고	태권도, 축구, 농구 등 신체적 충돌이 잦은 종목과 등산, 스키, 체조 등에서 잘 발생하며 흔히 골절, 탈골, 염좌, 좌상 등으로 발생한다. 시설이나 장비의 미비, 운동기술의 부족 등도 발생 원인이 된다.
무리한 운동	근육이나 관절을 무리하게 사용하여 생기는 상해로, 체력보다 운동 강도가 강하거나 운동량이 과다한 경우에 생기며 주로 건염, 관절염, 골절 등이 발생

03 스포츠시설이 자연재해 등의 비상사태에 대해 미리 준비해야 할 사항 4가지를 쓰시오.

답안 1) 지진, 화재 등 예상치 못한 자연재해나 테러 등과 같은 인적 재해로 인한 비상사태를 대비하여 매뉴얼을 숙지한다.
2) 비상사태 발생 시 매뉴얼에 따라 신속하게 대처하여 피해를 최소화한다.
3) 시설 또는 이벤트 운영의 차질을 줄여 최대한 유연하게 진행될 수 있도록 한다.
4) 주기적으로 비상사태 대응 훈련을 시행한다.

KP 스포츠시설의 비상상태 준비사항
❶ 지진, 화재 등 예상 못 한 자연재해·인적 재해의 비상상태 대비 매뉴얼 숙지
❷ 비상상태 발생 시 매뉴얼에 따라 신속하게 대처하여 피해 최소화
❸ 시설 또는 이벤트 운영에 있어 차질을 줄여 최대한 유연하게 진행
❹ 비상사태 대응 훈련 프로그램의 주기적 실행

04 응급환자의 개념을 설명하시오.

답안 각종 사고 또는 재해로 인하여 부상이나 기타 응급상태에서 즉시 필요 처치를 받지 않으면 생명을 보존할 수 없거나 중대한 위험이 예상되는 환자를 말하지만, 객관적 판단이 어려울 때가 많으므로 급히 치료가 필요하다고 생각되는 환자는 일단 응급환자로 간주해야 한다.

KP 응급환자
응급상태에서 즉시 처치를 받지 않으면 생명 보존이 어렵거나 중대한 위험이 예상되는 환자

05 응급구조의 개념과 응급구조에서 사용하는 '골든타임 4분'의 개념을 설명하시오.

답안 1) 응급구조란 예상치 못한 사고로 위급한 상황이 발생하였을 때 현장에서 환자의 상태를 파악하고, 필요한 처치를 제공하며, 전문적 의료 처치를 받을 수 있도록 병원으로 신속한 이송 등이다.
2) 골든타임 4분은 심정지 발생 후 4분 이내에 적절한 조치를 받으면 특별한 조직 손상 없이 회복할 수 있음을 나타낸다.

KP 응급구조	
개념	골든타임 4분
예상 못 한 사고로 위급 상황 발생 시 환자 상태 파악, 필요 처치 제공, 병원으로 신속한 이동 활동	심정지 발생 후 적절 처치를 해야 하는 시간으로, 4분 이내 조치로 조직 손상 없이 회복 가능 시간

06 응급구조의 행동원칙 4가지를 쓰시오.

답안 1) 위험 확인 : 자신을 위험 상황에 노출하지 않도록 하고, 주변에 위험 물질 여부 확인, 혼자서 모든 것을 하려고 하지 않는다.
2) 환자 상태 확인 : 현장 상황과 주변 환경의 안전 여부를 파악하고, 환자 상태 확인 후 응급한 상황이면 도움을 제공하고, 필요하면 다른 사람에게 도움을 요청
3) 119 신고
4) 환자를 안전한 장소로 옮긴 후 응급처치

KP 응급구조 행동원칙
❶ 위험 확인
❷ 환자 상태 확인
❸ 119 신고
❹ 안전 장소로 이동 후 응급처치

암기 응급구조 행동원칙 : 〈응급구조 행동원칙은 위환1응〉이다. 위험 확인, 환자 상태 확인, 119 신고, 응급처치

07 재난의 개념을 설명하고, 각종 재난을 종류별로 구분하여 사례를 각각 2가지씩 쓰시오.

답안 1) 재난은 국민의 생명·신체·재산과 국가에 피해를 주거나 줄 수 있는 사고나 사건을 말하며
2) 자연재난 : 태풍, 지진, 폭설, 가뭄, 황사, 적조 등 자연현상으로 발생하는 재해
3) 인적재난 : 화재, 붕괴, 폭발, 교통사고, 화생방사고, 환경오염 사고 등의 사고로, 인명 또는 재산의 손해가 발생하는 재해
4) 사회재난 : 금융, 통신, 수도, 전기 등의 시스템 마비로 발생하는 재해

KP 재난
개념
국민의 생명·신체·재산과 국가에 피해를 주거나 줄 수 있는 사고나 사건
구분
❶ 자연재난 ❷ 인적재난 ❸ 사회재난

[08] 재난 및 안전관리 기본법에 따른 스포츠시설이 안전점검을 받아야 할 사항을 설명하시오.

[답안] 재난 및 안전관리 기본법에 따라 공공체육시설과 건물 등 시설물 연면적의 50% 이상을 사용하고 있는 등록 및 신고 체육시설업은 시설물 안전점검과 소방시설 안전점검을 각각 연 1회 이상 시행해야 한다.

> **KP 재난및안전관리기본법 안전점검 사항**
> ❶ 시설물 안전점검 ❷ 소방시설 안전점검

[09] 재난 및 안전관리 기본법에 따라 스포츠시설업의 시설물 안전점검 항목 5가지를 쓰시오.

[답안] 기둥·벽·보·마감재의 손상 균열 여부, 지반침하 등 구조물 위험 여부, 절개지와 낙석 위험지역 방지망 등의 안전시설 설치, 노후 축대와 옹벽 등의 보수·보강 조치, 시설의 연결·변형·청결 관리, 부대시설의 파손 상태, 위험 물질 존재 여부 등

[참고] **시설물 안전점검 항목** : 학습 편의를 위해 옆 KP에 6가지이지만, 실제 기둥·벽·보·마감재의 손상 균열 여부를 각각 4개로 분리하면 전체 13개 항목이다.

> **KP 시설물 안전점검 항목**
> ❶ 기둥·벽·보·마감재의 손상 균열 여부
> ❷ 지반침하 등 구조물 위험 여부
> ❸ 절개지와 낙석 위험지역 안전시설 설치
> ❹ 노후 축대와 옹벽 보수·보강 조치
> ❺ 시설의 연결·변형·청결 관리
> ❻ 부대시설 파손 상태, 위험 물질 존재 여부

[10] 스포츠시설업의 소방시설 안전점검 항목 5가지를 쓰시오.

[답안] 화재경보기·스프링클러 등의 정상 작동 여부, 소화기 등 방화 장비의 적정 보유와 정상 작동 여부, 피난안내도 비치와 피난 안내 영상물의 상영 여부, 비상구·영업장 내부 피난 통로의 설치 여부, 누전차단기 등 전기시설의 정상 작동 여부

[참고] **소방시설 안전점검 항목** : 학습 편의를 위해 옆 KP에 5가지이지만, 각각을 분리하면 항목 전체는 9가지이다.

> **KP 소방시설 안전점검 항목**
> ❶ 화재경보기·스프링클러 등의 정상 작동 여부
> ❷ 소화기 등 방화 장비의 적정 보유와 정상 작동 여부
> ❸ 피난안내도 비치와 피난 안내 영상물의 상영 여부
> ❹ 비상구·영업장 내부 피난 통로의 설치 여부
> ❺ 누전차단기 등 전기시설의 정상 작동 여부

나. 스포츠시설의 안전요원

[01] 라이프가드(lifeguard)의 역할 4가지를 쓰고, 라이프가드 자격 취득 조건을 설명하시오.

[답안] 1) 라이프가드는 깊은 물에서 익수자를 구조하고, 장내 순찰과 관망대에서 사고 여부 관찰, 안전 사항 위배한 사람을 적발하여 조치하고, 안전사고가 발생하면 신속히 구조 후 응급조치, 부상자를 구급실로 운반해 의사 등에게 상황과 응급조치 내용을 설명하고, 시설물의 안전 상태 점검과 고객 안내하는 등의 역할을 한다.
2) 라이프가드 교육을 받은 만 18세 이상으로, 구조영법인 수영(입영과 잠영)이 가능해야 한다.

> **KP 라이프가드**
>
> | 역할 | 자격 취득 조건 |
> |---|---|
> | ❶ 익수자 구조 ❹ 부상자 운반
❷ 장내 순찰과 관망대에서 사고 여부 관찰 ❺ 시설물 안전 상태 점검과 고객 안내
❸ 사고 발생 시 신속한 구조와 응급조치 | 라이프가드 교육을 받은 18세 이상, 입영과 잠영 가능한 사람 |

02 응급구조사의 역할 4가지를 쓰고, 1, 2급 응급구조사가 할 수 있는 업무를 각각 적으시오.

답안 1) 응급구조사의 역할은 응급환자가 발생한 현장에서 응급환자의 상담·구조와 이송업무를 행하며, 현장 또는 이송 중에 의사로부터 직접 또는 응급의료통신망에 의한 구체적 지시를 받아 응급처치업무를 수행한다.
2) 2급 응급구조사는 심폐소생술, 심박·체온·혈압 등의 측정, 사지와 척추 등의 고정, 산소투여 등의 업무를 할 수 있고
3) 1급 응급구조사는 2급 응급구조사가 할 수 있는 업무와 포도당이나 수액 등의 약물 투여, 인공호흡기를 이용한 호흡 유지, 기도기 삽입 등의 심폐소생술 시행을 위한 기도 유지 등의 업무를 할 수 있다.

KP 응급구조사

역할
1. 응급환자의 상담, 구조와 이송
2. 현장 또는 이송 중 의사로부터 구체적 지시를 받아 응급처치업무 수행

업무
1. 2급 : 심폐소생술, 심박·체온·혈압 측정, 사지와 척추 고정, 산소투여
2. 1급 : 2급 업무 + 포도당 수액 등 약물 투여, 인공호흡기 사용, 기도기 삽입 등의 심폐소생술 시행

03 스포츠시설 안전요원의 책무 4가지를 설명하시오.

답안 1) 시설 내 위험 요소, 사고 발생 시 대응 요령, 시설과 장비 사용 유의사항 등을 숙지해야 한다.
2) 자신의 임무가 다른 사람 또는 작업환경에 피해를 줄 가능성이 있는지 확인해야 한다.
3) 시설 내 위협 요소와 참여자 보호를 위해 설치한 장비 등의 사용에 대해 숙지하고 있어야 한다.
4) 규정과 절차를 준수하며,
5) 현장에 발생하는 위험 상황을 감독자에게 보고해야 한다.

KP 스포츠시설 안전요원 책무
1. 사고 위험 요소, 사고 발생 시 대응 요령, 시설 사용 유의사항 등의 숙지
2. 임무 수행 중 타인에게 피해 줄 가능성 확인
3. 위험 요소와 참여자 보호용 장비 사용 방법 숙지
4. 규정과 절차 준수
5. 현장 발생 위험 상황의 감독자 보고

다. 스포츠시설의 안전 장비 관리

01 체육시설업을 운영하는 자가 공통적으로 갖춰야 할 안전 장비 4가지를 쓰시오.

답안 소화기, 소화전, 화재경보기, 제세동기, 스프링클러, 유도등
암기 체육시설업 안전 장비 : 〈체육시설업 안전 장비는 소소화제클유〉 이다. 소화기와 소화전, 화재경보기, 제세동기, 스프링클러, 유도등

KP 스포츠시설업 구비 안전 장비
1. 소화기
2. 소화전
3. 화재경보기
4. 제세동기
5. 스프링클러
6. 유도등

02 응급의료에 관한 법률에 따라 응급 장비를 의무적으로 갖춰야 하는 체육시설 3가지를 쓰시오.

답안 경마장, 경륜·경정장, 전문체육시설 중 총 관람석 수 5천석 이상인 운동장 및 종합운동장

KP 응급 장비 의무 구비 시설
1. 경마·경륜·경정장
2. 관람석 수 5천석 이상 운동장과 종합운동장

03 수상 인명구조 장비 4가지를 쓰시오.

답안 레스큐튜브, 레스큐캔, 링부이, 히빙 라인
용어 rescue : 구출, 구조하다의 명사와 동사이다.

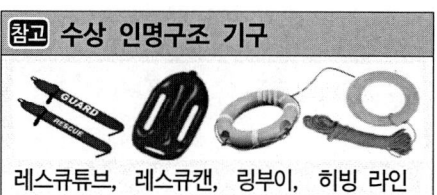
참고 수상 인명구조 기구
레스큐튜브, 레스큐캔, 링부이, 히빙 라인

04 화재 발생 등을 대비한 완강기의 가동상태 점검 방법 4가지를 쓰시오.

답안 완강기 주위에 표지판과 사용설명서 부착 여부, 지지대 고정상태, 완강기 로프 길이, 피난과 출입에 방해물 여부 등을 점검해야 한다.

KP 완강기 가동상태 점검 사항
❶ 표지판과 사용설명서 부착 여부
❷ 지지대 고정상태
❸ 로프 길이
❹ 피난과 출입 방해물 존재 여부

Editors' Note
편집후기

앞으로 스포츠경영의 발전 가능성이 크다는 것은 많은 사람이 인정하고 있습니다. 스포츠경영관리사를 공부하는 사람들에게 도움을 주기 위해 이 책을 집필했지만 아무래도 수험 준비서이므로 이론적 배경 또는 원리에 대한 설명이 다소 부족하다는 것을 느끼고 있습니다. 그런데도 이 책마저 나오지 않는다면 수험생들의 불편이 크리라 생각하면서 이 책을 마무리합니다.

실기시험을 준비하는 사람들은 필기시험에 이미 합격하였기에 스포츠경영의 원리와 배경에 대해 어느 정도의 수준에 도달해 있을 것입니다. 그렇지만 실기시험은 주관식으로 출제되므로 이에 적합하도록 공부하기가 쉽지 않습니다. 스포츠경영의 제반 이론은 주장하는 사람에 따라 다소 차이가 있고, 아울러 어떤 유형의 문제가 출제될지 감 잡기가 절대 수월하지 않습니다.

이 책은 실기시험을 준비하는 사람들이 시험에 나올 수 있는 문제만 꼭 집어서 수록하였고, 이론 설명 등은 생략하여 내용이 압축되어 있습니다. 최근 5년간 출제 문제를 분석해 보면 90% 내외가 이 책에 실린 내용과 거의 같습니다. 이 책 내용을 70~80% 정도만 이해하고, 기억할 수 있다면 70점 이상으로 득점할 수 있으며, 다소 미흡하더라도 60점 이상으로 합격할 수 있을 것입니다.

이 책으로 공부한 많은 분이 스포츠경영관리사 자격을 취득하여, 우리나라 스포츠의 발전과 함께 스포츠경영이 더 체계화되고, 발전되는 데 함께 이바지할 수 있기를 기대합니다. 스포츠경영은 아직은 성장 가능성이 매우 크다고 말씀드립니다. 꼭 합격하시어 성장 가능성 큰 우리나라의 스포츠경영을 한 단계 발전시키는 데 큰 역할을 해 주십시오. 학습 도중 의문 사항이나 질문 등이 있으면 카페를 이용하거나 저자에게 직접 전화 또는 문자 메시지를 이용하시면 성심껏 돕겠습니다.

2025년 1월   일

저자 **장 승 규** 드림

저자소개

장 승 규
- 동국대학교, 연세대학교 대학원, 명지대학교 대학원 졸업
- 경영학박사
- 한국경영컨설팅협동조합 이사장 근무
- 명지대학교, 서울벤처대학원대학교 교수 역임
- 현) 스포츠경영발전협의회 공동대표, 지식닷컴 집필인 대표
- 2005년 스포츠경영관리사 자격 취득
- 연락처 : 010-6291-1131 jisig@paran.com